August Streicher

Menschwerdung

Schauspiel in drei Aufzügen

August Streicher

Menschwerdung
Schauspiel in drei Aufzügen

ISBN/EAN: 9783743426573

Hergestellt in Europa, USA, Kanada, Australien, Japan

Cover: Foto ©Thomas Meinert / pixelio.de

Manufactured and distributed by brebook publishing software (www.brebook.com)

August Streicher

Menschwerdung

Menschwerdung

Schauspiel in drei Aufzügen

von

August Streicher.

Verlag
Dramaturgisches Institut
Berlin W. 8.
1899.

Alle Rechte vorbehalten.
Den Bühnen gegenüber Manuskript.
Für sämtliche Bühnen im ausschließlichen Debüt des
Dramaturgischen Instituts in Berlin.

August Streicher.

Den neuen Menschen.

Ist das alte Geschlecht verdorben,
Mit seinen Normen abgestorben
Sammt Sündenvererbung;
Dann muß sich das neue erproben,
Das auf den Schild gehoben
„Die reine Menschwerdung."

Uttendorf, (Ob.-Oesterreich), Weihnachten 1898.

Personen.

Oskar Etzdorf, Gutsbesitzer.
Josefine, seine Frau.
Bertha,
Hilda, } deren Kinder.
Adolf,
Herbert Forstner, Gutsbesitzer auf Kranichen.
Leo, dessen Sohn.
Sebastian Schmid, Lehrer aus dem Dorfe Auerbach.
Minna, dessen Tochter.
Rilke, Verwalter.
Kathi, Stubenmädchen.

Ort: Gut Etzdorf bei Auerbach.
Zeit: Gegenwart.

Erster Aufzug.

Scenerie: (Großes und geräumiges Wohnzimmer im Herrenhause der Familie Etzdorf. Die Möbel aus lichtem Mahagoni. An den Wänden düster gehaltene, golddurchwirkte Tapeten. In der Mitte im Hintergrund eine breite Flügelthür. In der linken Ecke ein zierlicher Ofen. Rechts davon ein Schaukelstuhl aus spanischem Rohr. An der linken Seitenwand befinden sich zwei Fensternischen. Vorne in der ersten Nische steht ein kleines Nähtischchen, nebenan ein Fußschemel und Sessel. In der Mitte der rechten Seitenwand eine Glasthür, die zum Garten hinunter führt. Im Hintergrund in der Ecke ein Blumentisch. Rechts vorne ein weiß verhangenes Fenster. Zwischen der Glasthür und dem Fenster ein niedriger Divan. Ueber demselben ein großes, unkenntlich gewordenes Bild irgend eines niederländischen Meisters. In der Mitte des Zimmers ein runder Tisch, um diesen Sessel mit hohen Lehnen. Rechts vom Haupteingang, der auf den Korridor führt, ein großer Wandspiegel. Darunter befindet sich eine Stehuhr aus der Zeit Ludwigs XIV. auf einem zierlichen Rococotischchen.

Es ist ein Morgen zu Ende Februar. Kalter Nachwinter. Durch das verhangene Gartenfenster dringt gedämpftes Licht: hingegen fällt vom gegenüberliegenden Fenster kräftig volles Tageslicht herein. Schneeflocken haften an den Scheiben.

Bertha, (die ältere Tochter des Hauses, sitzt vorne bei dem kleinen Nähtisch und stickt. Sie ist eine hübsche Erscheinung.)

Hilda (tritt durch die Korridorthür herein. Sie ist um einige Jahre jünger und kleiner als Bertha, hat dunklen Teint und glänzend braunes Haar. Sie hat etwas Wildartiges, fast Abstoßendes an sich.)

Hilda (geht rasch vor und betrachtet schelmisch ihre Schwester).
Bertha (sieht sie groß und ernst an).
Hilda (lacht auf). Hast Du einen Eifer; als sollte morgen schon Hochzeit sein. Es ist köstlich, Dir zuzusehen.
Bertha (legt die Stickerei weg und will sich erheben).
Hilda. Ich will nicht stören (will abgehen).
Bertha. Du störst mich nicht.
Hilda. Lieb' Schwesterlein! das klingt ja so traurig! (hockt sich auf den Fußschemel) Sag' mal', bist Du denn nicht glücklich?
Bertha. Kind, was sprichst Du für unvernünftiges Zeug daher!
Hilda (springt empört auf). Kind . . . immer dieses verhaßte Wort. Als ob ich noch ein Kind wäre! Und den ganzen Tag klingt's mir in den Ohren. Vater, Mutter, Bruder, Du und Dein Leo . . . Alle nennen mich Kind! — Ich will's nun nicht mehr hören, dieses garstige Wort . . . am allerwenigsten von Dir.
Bertha. Aber Hilda . . . schäm Dich.
Hilda. Ihr sollt Euch schämen, daß Ihr mich so behandelt.
Bertha. Man kost Dich doch nur. Das verträgst Du nicht.
Hilda (höhnisch). Man kost mich! der reinste Hohn!! Das sollst Du wohl besser verstehen, oder Leo ist ein schlechter Lehrmeister, und das glaub' ich gerade nicht.
Bertha (empört). Hilda!!
Hilda. Nun?! Hab' ich wieder etwas Unrechtes gesagt? Hier muß man ja jedes Wort auf die Goldwage legen.
Bertha. Du bist überspannt.
Hilda (klatscht in die Hände). Brav, Schwester! So hör' ich's gern. Vorlaut . . . Ueberspannt . . . Dummes Ding . . . Naseweis . . . das sind die Kosenamen, mit denen man mich füttert . . . . Das ist die große Liebe, die man zu mir hat.

Bertha. Du bist kein Stiefkind, merk' Dir das! Aber Lebensart mußt Du annehmen. Das ist die erste Aufgabe, die ein junges Mädchen zu erfüllen hat.

Hilda (spottend.) So — Lebensart. Ich danke Dir für Deine weise Lehre. In Zukunft aber verschone mich damit... s' ist überflüssig. Ich pfeif' auf Eure Lebensart...

Bertha (steht empört auf). Nun ist's aber genug... oder ich werd's dem Vater hinterbringen.

Hilda. So thu's doch, große, kluge Schwester. Das steht Dir sehr gut an, Dich hinter Vater und Mutter zu stecken. Das trägt Dir wieder ein Loblied ein.

Bertha (erregt). Wildfang! (stürzt auf Hilda los).

Hilda (flüchtet sich rechts in die Ecke hinter den Blumentisch).

Adolf (tritt im Jadtostüm ein. Kerniges, robustes Aussehen, etwas verwildert. Sein Aeußeres verrät jedoch immerhin den Kavalier). Ah — da bist Du ja, Schwester. Gut, daß ich Dich treffe (reicht ihr die Hand).

Bertha (schaudert zusammen.)

Adolf (lacht kurz auf). Dich friert bei meinem Anblick. Seh' ich wie ein Eisbär aus? (Streift sich die Eiszapfen vom Vollbart). Wie sich das anklammert... kaum zum wegbringen. Das nenn' ich Winter. G'rad noch vor Thorsperre... vor'm Frühlingsanfang seine 10 Grad Kälte. Huh!! (bläst sich die Fäuste) Die fährt einem durch die Glieder.

Bertha. Soll ich nachlegen?

Adolf. Ah! Was fällt Dir denn ein? Willst mich aussieden? Hier ist's ja so warm und süß wie in einem Bienenkorb (läßt sich auf den Schaukelstuhl nieder). Das macht mein hübsches Schwesterlein.

Bertha (lächelnd.) Schmeichler!

Adolf. Auf's Schmeicheln hab' ich mich nie verstanden, Du... 's ist gar nicht meine Art.

Hilda (in der Ecke.) O—h—o!

Adolf. Was war denn das?

Hilda (kommt rasch aus der Ecke hervor, geht auf Adolf zu). Ich war's, kurzsichtiger Bruder. Bin ich keinen Gruß wert?

Adolf. Sieh mal die Kröte! (Versteckt sich), und dann will sie angeschmachtet werden.

Hilda. Ich hab' mich nicht versteckt. Das ist nicht meine Art. Du weißt, ich hasse das Duckmäusertum.

Adolf (neigt sich vor, zieht Hilda zu sich und küßt sie auf die Stirne). Bist nun zufrieden?

Hilda (sieht ihn überrascht an). Bruder! wo hast Du auf einmal diese Liebe her?

Adolf (lacht hell auf). Ist das 'ne Frage.

Hilda. Sie scheint Dich zu belustigen.

Adolf. Pah! Aergern sollt' man sich darüber... wenn man bei Euch nicht immer gleich die Liebe auf den Lippen hat, glaubt ihr nicht d'ran.

Bertha (über die Stickerei gebeugt). Eingebildet sind die Männer!

Adolf (mit derbem Humor). Wie die Weiber!

Hilda (zärtlich). Da hängt Dir noch so ein Eiskügelchen drinnen. Wart' .... ich nehm's heraus (stellt sich ungeschickt).

Adolf. Du Ueberkluge! wie lange sie da herumhantiert... nur daß sie mit meinem Barte spielen kann. Glaubst denn, ich hab' ihn nur für Dich als Spielzeug wachsen lassen?

Hilda (giebt ihm einen leichten Streich auf die Wange). Das hast als Antwort, böser Mensch. Kaum verträgt man sich, zankst einen wieder aus.

Bertha. Habt Ihr Euch ausgeplaudert? Ich meinte, Adolf, Du wolltest mir etwas sagen.

Adolf. Ja — eigentlich wollte ich das. 's hat aber Zeit... 's ist später auch noch früh genug.

Hilda (sich von Adolf losreißend). Ich stör' Euch. Das ist's. Sagt es lieber gleich offen heraus... drückt Euch nicht so herum. Bruder, das war also Deine momentane Liebe, um mich leichter wegzubringen.

Adolf. Hilda, das Mißtrauen steht Dir schlecht.

Hilda. Laß die Ausrede ... ich kenn' Euch schon. (geht schluchzend ab).

Adolf (sieht ihr verblüfft nach). Sag' mal Bertha, was hat sie denn? Sie war doch früher ganz anders. Ein starkes Quantum Uebermut steckte ja von jeher in ihren Gliedern. Aber — das ist nicht mehr Uebermut, (nachdenklich), es ist auch nicht Trotz. (wie vor sich selbst hin) Nein! das steckt tiefer ... (steht auf und macht einige Schritte nach vorwärts). Sie verheimlicht uns etwas. (Ueberzeugt) In ihr muß etwas vorgegangen sein, das ich mir nicht erklären kann.

Bertha (mit Hohn). Du fürsorglicher Bruder! Laß Dich doch nicht auslachen! Was wird es sein? Eine neue Laune. Damit ist sie ja reichlich versorgt.

Adolf (vorwurfsvoll). Schwester?!

Bertha. Nun?

Adolf. Du verleugnest Dein Gefühl.

Bertha (gereizt). Wo hast denn Du diese Weichheit her? sie ist mir ganz neu an Dir .... schaut fast wie übertriebene Zärtlichkeit aus. Der große, starke, unverwundbare Bruder wird auf einmal sentimental (Mit Neugierde). Bist denn verliebt?

Adolf. Ihr Weiber seid merkwürdige Naturen. Kehrt man Euch einmal ein bischen Gefühl heraus, gleich ist's Liebe. Ihr kennt nichts anderes als lieben und —

Bertha (springt auf und betrachtet ihn mit zornigen Augen). Und —

Adolf (schweigt).

Bertha (heftig). So sprich es doch aus ...

Adolf (sieht sie ruhig an). Und — hassen (geht auf den Schaukelstuhl zu).

Leo (tritt ein. Eine stattliche Erscheinung mit auffallend blasser Gesichtsfarbe. Er verneigt sich, geht auf Bertha zu und küßt ihr die Hand). Mein Liebchen! darf ich Dir Gesellschaft leisten?

Adolf. Jetzt bin ich überflüssig (geht dem Ausgang zu).

Leo. Wer sagt das, Adolf?

Bertha. Sein Gefühl sagt ihm das.

Adolf. Ich räume den Platz gern (geht auf Leo zu und reicht ihm die Hand). Schwager in spe! Rosig ist die Stimmung nicht, die heute Deine Braut aufgesteckt hat. Na, an Dir ist's, ihr den Kopf zurecht zu richten. Adjes! (klappt die Stiefelabsätze zusammen, ab.)

Leo. Habt Ihr Euch gestritten, Bertha?

Bertha (pikiert). Interessiert Dich das?

Leo. Es interessiert mich alles, was hier vorgeht.

Bertha. Ein wahres Wort!

Leo. Wie meinst Du das?

Bertha. Daß es keine Lüge war.

Leo (in sichtlicher Erregung). Lüge! hab' ich Dich jemals belogen?

Bertha. Wer sprach denn davon?

Leo. Niemand! aber Vorwurf lag in Deiner Rede, den ich nicht verdiene.

Bertha. Lassen wir diese Abgeschmacktheiten. (ihn groß ansehend) Hast Du mir nichts anderes zu sagen?

Leo (einsilbig). Anderes? — Ja . . . so allerlei —

Bertha (weich). Nichts, was mich freuen könnte!

Leo O ja . . . von uns zu Hause. Du warst als Kind zwar einmal dort; aber Du wirst Dich kaum mehr daran erinnern können.

Bertha. Das mag schon sein . . . das wollt' ich auch nicht wissen. (mit schwerer Stimme) Ich will was anderes von Dir erfahren . . . etwas, was nur mich allein angeht — und Dich.

Leo (schweigt).

Bertha (ängstlich). Hast Du etwas in Deinem Leben für mich erübrigt? (dumpf) Ich verlange ja nicht viel . . . will ja bescheiden sein . . . aber ein bischen Liebe brauch' ich doch zum Leben.

Leo (qualvoll). Liebe . . .! Ich hab' Dich ja ganz gern. (nachdenklich) Aber das Gefühl läßt sich nicht ein pumpen . . . das braucht seine Zeit. Wir müssen uns erst kennen lernen! (hastig) Man hat uns zusammengeschmiedet, bevor wir uns gesehn haben. (ruhig) Ich will ehrlich sein, und weil ich ehrlich bin, kann ich nicht überschwenglich sein.

Bertha. Du hast recht. Man hat über unsere Köpfe hinweg unser Schicksal diktiert. Man hat uns die freie Wahl entzogen. (mühsam) Man hat Dir die Neigung im vorhinein getötet.

Leo. Die Neigung? — Du irrst Dich, Bertha.

Bertha (fest). Nein! das Selbstbetrügen hab' ich längst verlernt ... darüber bin ich schon hinaus. (wehmütig) Bin zu klug geworden für meine Jahre. Ich hab' zu tief hineingeblickt ins Leben! Das hat mich aufgeklärt.

Leo (schrickt zusammen). Wie sprichst Du seltsam? (weich) Sag', warum gabst Du Dich nicht früher so?

Bertha. Erniedrige mich nicht. Dein Mitleid will ich nicht. Was ich will, kannst Du mir doch nicht geben. (tonlos) Deine kalten, toten, freudlosen Augen sagen mir's deutlich genug, Du liebst mich nicht.

Leo (schmerzlich). Bertha!

Bertha (entschlossen). Dir fehlt die Wärme ... Du zwingst Dich zur Freundlichkeit.

Leo (prallt zurück). Du wirst rücksichtslos.

Bertha. Weil das einmal heraus mußte .... es hätte mich erwürgt. (weinend) Braut vor der Welt .... nur Dir bin ich's nicht.

Leo. Bertha, wenn das Deine Eltern hörten!

Bertha (resigniert). Es kann mir gleich sein. Man hat mich auch nicht gefragt, als man mein Glück verpfuschte.

Leo (bestürzt). Durch mich? — Ich ... ich geb' Dich frei. Ich will nicht der Henker Deiner Jugend sein.

Bertha. Ha!! wie leicht Du das sprichst! wie selbstlos das klingt. Du glaubst mich so am leichtesten abzuschütteln. Aber (mit Nachdruck) da irrst Du Dich! Ich will nicht .. ich geb' Dich nicht frei ... ich habe Dein Wort als Pfand!!

Leo. Das hast Du . . .

Bertha. Werde wortbrüchig und dann versuche es mit Deinen starken Rechtsbegriffen weiterzuleben.

Leo. Willst Du mit Menschenleben spielen?

Bertha. Mit meinem Eig'nen kann ich spielen . . . Darüber bin ich niemandem Rechenschaft schuldig. Deines aber hast Du selbst ausgespielt, damals, als Du um mich geworben hast. Du hättest mich ausschlagen können, wenn auch Dein alter Vater darüber zugrunde gegangen wär'. Dann hättest Du wenigstens Dein Selbst bewahrt und die Achtung vor freidenkenden Menschen. Du hast es aber nicht gethan!!

Leo. So! Weil ich auch für andere noch Gefühl habe, glaubst Du mir gegenüber so gefühllos sein zu können —

Bertha (leidenschaftlich). Das ist ja Wahnsinn. Ich liebe Dich. Ich hab' den Mut, es Dir zu sagen. Liebst Du eine Andere und Du nahmst dennoch mich, so war es Feigheit von Dir oder —

Leo (in Erregung). Sprich nicht weiter!

Bertha (würgend). Schurkerei.

Leo (steht einen Augenblick wie versteinert, taumelt dann mit geballter Faust dem Ausgang zu). Schurke! Das Wort, das sollst Du noch bereuen. (reißt die Thür auf)

Bertha (ihm mit flehend erhobenen Händen nach). Leo . . . Leo . . .

Leo (dreht sich in der offenen Thür um, mit einem Blick voller Verachtung und abwehrender Geberde).

Bertha (fällt auf die Kniee). Verzeih' . . . ich war von Sinnen.

Leo (mit einem bitteren Lachen ab).

Pause.

Frau Eydorf (tritt ein. Hagere Gestalt, hat starf meliertes Haar, sonst gut erhalten. Sie schlägt die Hände vor Entsetzen zusammen und eilt auf Bertha zu). Kind, um Himmelswillen, was hast Du?

Bertha (fährt in die Höhe, gefaßt). Nichts — Mutter.

Frau Etzdorf. Um nichts weint man doch keine Thränen.

Bertha. Du folterst mich...

Frau Etzdorf. Weil ich Dein Glück im Auge habe!

Bertha (bitter). Mein Glück?!

Frau Etzdorf. Ist es das! (kleine Pause) Ist Leo Dir nicht das, was er Dir sein soll!

Bertha (schweigt).

Frau Etzdorf. Im Bild gefiel er Dir doch. Du hattest nichts gegen ihn einzuwenden. (unsicher) Du sahst sein Bild ganz gern, und wie das Deinen alten kranken Vater freute!

Bertha. Als ob's an dem läge. (stoßweise) Der arme Vater — mit — seiner Freude. Er wollte mir die Seligkeit vom Himmel herunterholen und —

Frau Etzdorf. Der arme Mann hat's nicht vermocht.

Bertha (in Aufwallung). Weil man uns das Glück aufzwingen wollte, darum ist's — (verschluckt die weiteren Worte).

Frau Etzdorf. Bertha! haben wir Dich nicht gefragt? Hast Du nicht selbst frei und ohne Zwang eingewilligt?

Bertha (bleibt stumm).

Frau Etzdorf. Du schweigst! Das Recht steht auf unserer Seite. (erregt) Verkaufen wollten wir Dich nicht... (läßt sich überwältigt von ihrer Gemütsstimmung auf einen Sessel nieder).

Bertha. Mutter?!

Frau Etzdorf. Glaubst Du, das Wort „Aufzwingen", das schmerzt nicht...

Bertha. Mutter, vergieb mir. Ich wollt' Euch damit keinen Vorwurf machen. Ihr habt es stets gut mit mir gemeint, wolltet immer mein Bestes, wolltet mir auch eine schöne Zukunft gründen helfen. Ihr habt nur nicht bedacht, daß ein Wille nicht ausreicht zum Glück, daß das zu wenig ist . . . . daß auch ein anderer Wille dazu gehört, um glücklich zu werden.

Frau Etzdorf. Du meinst also ihn?

Bertha (nickt).

Frau Etzdorf. Er kam doch selbst . . .

Bertha. Weil es seines Vaters Wunsch war . . . dem beugte er sich.

Frau Etzdorf. Seines Vaters Wunsch war es. Das ist richtig. (aufstehend und voll innerer Ueberzeugung) Sein Entschluß ist aber erst hier gereift.

Bertha (schüttelt ungläubig den Kopf).

Frau Etzdorf. Leo ist nicht der Mann dazu, um eine Lebensthorheit zu begehen, auch wenn sie ihm von seinem Vater aufgedrängt würde. Nein! davon bin ich überzeugt. In ihm steckt Muth, Energie genug, um seinen Willen durchzusetzen. Er ist daher auch vorsichtig zu Werke gegangen. Er hat Dich studirt, Tage hindurch, bis er sich erklärte.

Bertha. Aber er wußte, daß wir Alle auf seine Erklärung warteten. Er zögerte lange genug. Schließlich fand er sich darein, um einen Skandal zu verhüten.

Frau Etzdorf. Wer sagt Dir das?

Bertha. Mein Gefühl sagt es mir.

Frau Etzdorf (läßt sich auf den Sessel nieder, schmerzlich). Dein Ge—fühl?

Bertha (die Mutter bei der Hand fassend, mit weicher Stimme). Mutter! wenn man jemanden so recht lieb hat, so sehr, daß man sich dafür töten ließe, dann — (ringt mit ihren Gedanken) will man sich auch so geliebt wissen.

Frau Etzdorf. Das kann ja noch werden. Leo ist zu kurze Zeit erst da. Er muß Dich doch erst kennen lernen. Er muß erst eindringen in Deine Seele . . . . . Dich ganz verstehen lernen . . . dann wird sich auch die Liebe in ihm durchringen.

Bertha. Das ist vorbei . . .

Frau Etzdorf. Nein, Bertha! Das verstehst Du noch nicht.

Bertha (lächelt schmerzlich).

Frau Etzdorf. Du mußt ihm mehr entgegenkommen. Das Männervolk will einmal so behandelt werden. Es ist ja so furchtbar stolz und doch so schrecklich dumm dabei. Ein freundliches Gesicht, ein Augenwinken wirft die Stärksten um.

Bertha. Verstellen kann ich mich nicht!

Frau Etzdorf. Das brauchst auch nicht zu thun... Aber ein bischen Schönthun! Du siehst ihn ja gern... da fällt's Dir doch nicht schwer —

Bertha. Schönthun! (mit Energie) Nein, das läßt mein Stolz nicht zu. (In demselben Augenblick, als Bertha die letzten Worte spricht, fliegt die Gartenthür auf und Hilda stürzt herein auf die Mutter zu. Adolf voller Schnee im Gesicht nach.)

Hilda. Mutter, schütz mich (wirft sich auf die Kniee und verbirgt ihren Kopf in den Schoß der Mutter).

Adolf (hinten nach). Du Range Du! (bleibt vor Frau Etzdorf stehen) Ist das 'n Kind. Den Teufel hat's im Leib. (sich anblickend) Wie sie mich zugerichtet hat!

Hilda (guckt neugierig und schelmisch in die Höhe). Warum warst Du so neugierig?

Adolf. Na, wart' nur! Dir treib' ich noch den Uebermut mit Schnee heraus.

Frau Etzdorf (strenge). Warst wieder ungezogen. Treib's nicht so weiter, sonst steck' ich Dich ins Kloster.

Bertha. Sie hätt' schon längst dahin gehört.

Hilda (springt auf und sieht die Schwester mit giftigen Blicken an).

Bertha. Nun? — Ich hab' das Klosterleben auch vier Jahre durchgekostet. Es hat mir nicht geschadet.

Hilda. Aber auch nichts genützt.

Adolf (lacht auf).

Bertha. Das ist empörend.

Frau Etzdorf (richtet sich steif im Stuhl auf). Hilda! Das war Deine letzte Ungezogenheit (geht erregt ab).

Adolf (die Armgelenke auf eine Sessellehne legend). Jetzt hast Du's, Grünschnabel. Mutter ist wütend. Jetzt heißt es zu den Schwestern geh'n.

Hilda. Was geht das Dich an!

Adolf (mit spöttischer Miene). Die werden Dich einspannen.

Bertha (ist unterdessen auf ihren Platz zurückgekehrt und hat ihre Arbeit ergriffen).

Hilda (geht mit geballten Fäusten auf Adolf zu). Reiz' mich nicht! (sieht ihm fest in's Auge) So macht man es immer mit mir. Zuerst stichelt man und stichelt so lange, bis ich wild werde... dann wird auf mich losgefahren. Ihr seid mir schon die Rechten. Ihr habt es nur darauf abgesehen, mich aus dem Haus zu bringen. Ich steh' Euch im Weg und (zu Adolf) Dir ganz besonders.

Adolf. Das ist mir neu. Die Einbildung reist in Dir noch eine Art Verfolgungswahnsinn heraus.

Hilda. Spotte nur! Das Spotten würde Dir schon vergehen, wenn ich — (beißt sich auf die Unterlippe).

Adolf (belustigend). Nur zu!

Hilda. Es wär' Dir gerade nicht angenehm....

Adolf. Ei der Tausend! Was hast Du denn im Hinterhalt — Du Geheimniskrämerin?

Hilda. Verstell' Dich nicht so!

Adolf. Das hab' ich nicht nötig.

Hilda. Um so besser für Dich (will ab).

Adolf (eilt ihr nach und packt sie an der Schulter). Ich will es aber jetzt wissen, womit Du mir gedroht hast.

Hilda. So laß mich los.

Adolf. Nicht eher, als bis Du vorlautes Ding mir Antwort giebst.

Hilda. Das will ich sehen! (versucht sich loszureißen)

Adolf. Und ich auch! (drückt sie auf den Boden nieder)

Bertha. Laß sie laufen. Sie hat ein schlechtes Gewissen.

Adolf (läßt sie los, wendet sich gleichgiltig von Hilda ab).

Hilda (steht auf und geht zur Thür, ergreift die Klinge, besinnt sich und wendet sich Adolf zu). Bruder, eine Warnung soll es Dir sein! (ab)

Adolf (schaut ihr verblüfft nach).

Bertha. Was hat sie denn? Was will sie damit sagen?

Adolf. Was weiß ich? Aus dem Fratzen wird man nie klug. (geht nach rückwärts und zupft nervös an den Blumenblättern herum).

Kleine Pause.

Adolf. Es wird am besten sein, sie auf ein oder zwei Jahre ins Institut zu geben. Hier verwildert sie ganz.

Bertha. Man hat sie verzogen. Sie ist ja 's Vaterkindchen . . . . . durfte nie angerührt werden. Die Ruthe hat sie nie zu sehen bekommen und jetzt ist sie zu groß geworden dazu.

Adolf. Das kann nicht so fortgehen. (geht unruhig auf und ab.) Man muß ihr das Kindsein austreiben mit Vernunftsgründen oder mit Gewalt. Andere Mädchen in ihrem Alter spielen schon Damen. Die Letzow drüben ist mit ihr aus der Schulbank gesprungen . . . die giebt sich schon wie 'ne Alte.

Bertha. Man muß ihr vor allem einen andern Verkehr schaffen. Immer steckt sie mit der Lehrerstochter beisammen und von der soll sie Lebensart lernen. Das ist kein Umgang für sie. Ich hab' es schon öfters betont. Es hat nichts genützt; man hat dem Trotzkopf immer wieder nachgegeben. Sogar ins Haus hat sie die aufdringliche Person gebracht. Man muß mit dem Vater selbst darüber Rücksprache halten. Entweder giebt sie den Verkehr damit auf oder sie muß ins Kloster.

Adolf. Thu's Schwester.

Bertha. Ja! Und zwar auf der Stelle. (erhebt sich, auf dem Wege zur Thür bleibt sie plötzlich stehen und wendet sich halb um). Ist Leo bei ihm?

Adolf. Warum?

Bertha. Weil Familienangelegenheiten unter der Familie bleiben sollen.

Adolf. Er gehört doch auch schon halb zur Familie.

Bertha. Halb! das ist richtig! aber nicht ganz.

Adolf (sieht sie erstaunt an; dann in ruhigem Ton). Er ist nicht dort.

Bertha. Danke. (ab)

Adolf (halblaut vor sich hin). Vor lauter Rätseln (geht zur Glasthür und blickt hinaus. Trommelt nervös mit den Fingerknöcheln an die Scheiben).

Pause. Es klopft an der Thür.

Adolf (unwirsch). Herein!

Kathi (das Stubenmädchen guckt bei der Thür herein, wie sie Adolf sieht, will sie wieder zurück).

Adolf (zur Thür eilend). Holla! was soll das heißen? Reißaus wird nicht genommen. Was wollen Sie?

Kathi (tritt ein, stottert). Ich suche das gnädige Fräulein.

Adolf. Welches? Es sind doch zwei Fräuleins hier im Haus. Quetschen Sie sich in Zukunft besser aus.

Kathi (verzagt). Fräulein Hilda.

Adolf. Wünscht sie der Vater?

Kathi. Nein! das Fräulein Minna ist hier.

Adolf. So ... (überlegt einen Augenblick). Führen Sie das Fräulein herein und kein Wort dazu gesprochen. Verstanden?!

Kathi. Ja, gnäd'ger Herr. (zögert abzugehen.)

Adolf. Allons ... rasch! (stampft mit dem Fuße).

Kathi (ab).

Adolf (vor sich hin). Endlich einmal! Nun hab' ich Dich!!

Minna (erscheint in der offenen Thür. Sie kann niemanden sehen, da Adolf rückwärts zum Blumentisch getreten ist. Zögernd macht sie einen Schritt vor, während Kathi die Thür hinter ihr schließt. Sie ist einfach gekleidet, ein bildhübsches Mädchen.)

Adolf (vortretend). Guten Tag, mein Fräulein.

Minna (erschrickt, verneigt sich ein wenig).

Adolf (rückt einen Sessel vom Tische weg). Bitte nur Platz zu nehmen. Hilda muß jeden Augenblick kommen.

Minna (verlegen). Ich danke. (bleibt stehen)

Adolf (pikiert). Nun? Sie brauchen keine Angst zu haben. Ein paar Minuten werden Sie wohl mit meiner Gesellschaft vorlieb nehmen. (geht unruhig auf und ab).

Minna (schüchtern). Ich muß wieder nach Haus.

Adolf. Weil ich hier bin! Das ist Ihnen unbequem.

Minna (ruhig). Nein! Vater ist krank... da darf ich ihn nicht zu lange allein lassen. Er schickte mich nur herauf, um ihn bei Fräulein Hilda zu entschuldigen, daß er zur Lektüre nicht kommen kann.

Adolf (ihr Haar streichelnd). Armes Kind! Ist der Vater recht marod?

Minna. Fieber hat er...

Adolf (weich). Fieber! der arme Mann muß sich recht anstrengen.

Minna (leise). Ja, das muß er.

Adolf. Du bist ihm aber ein gutes Kind. Er kann Freude an Dir haben (streichelt ihr die Wangen).

Minna (wird heftig rot im Gesichte und verrät große Unruhe).

Adolf. Du gefällst mir auch recht gut, weil Du so bescheiden bist.

Minna (senkt den Kopf und schweigt).

Adolf. Nun! Deshalb brauchst Du mir nicht böse zu sein. (nimmt sie bei der Hand). Ich hätte mehr Grund dazu.

Minna (schaut ihn hilflos an).

Adolf. Ich war doch immer recht freundlich zu Dir.

Minna (senkt die Augen).

Adolf. Oder war ich's nicht?

Minna (schweigt).

Adolf (qualvoll). Keine Antwort! bin ich denn keine wert?

Minna (erschrocken). Ich weiß nicht, was ich —

Adolf. Als ich Dich gestern vor der Hecke hinter'm Schulhaus sah, freute ich mich — ganz unbändig freute ich mich, wie ein Schuljunge, der den letzten Schultag von

2*

seinem Zettel streicht. Ich sprach Dich an, wollt' Dir paar hübsche Elsternfedern schenken, aber Du liefst mir davon so scheu wie ein Reh. Hab' ich Dir denn etwas zu leid gethan?

Minna. Nein! Das nicht, aber —

Adolf. Aber —?

Minna. Die Leute im Dorfe —

Adolf (unwirsch). Das Gesindel! Was geht Dich das Gesindel an!

Minna (gekränkt). Ich bin ja auch davon . . .

Adolf. Du!! Da hast Du einen schönen Begriff vom Menschenunterschied. Das da unten (zeigt gegen das Fenster hin) ist eine Herde, eine verblödete, dumme willenlose Masse, die in ihrem ganzen Leben nicht zum Bewußtsein kommt, was Menschsein heißt. Du bist über sie hinaus. Du hast einen hellen Kopf und Augen, die in die Welt blicken . . . Du schaust mit andern Augen, mit unser'n Augen.

Minna (sieht ihn groß und rätselhaft an).

Adolf (nahe vor sie hintretend und ihr tief ins Auge blickend). Nein! ich täuscht' mich nicht. (bewegt). Du bist anders wie die Menschen da unten, Du bist anders.

Minna (ängstlich). Herr! mir ist so bange. Ich versteh' Sie nicht.

Adolf (stürmisch). Du willst mich nicht verstehen . . . Du mußt mich aber verstehen . . . . Meine Blicke müssen es Dir sagen . . .

Minna (bleich werdend). Gott! der arme Vater.

Adolf. Minna! ja . . . geh' zum Vater! er bedarf Deiner. Aber denk an mich (ergreift ihre Rechte). Wirst Du das thun?

Minna (zagend). Ja.

Adolf (freudig). Wirklich?

Minna (nickt mit dem Kopfe).

Adolf (drückt sie an sich).

Minna (sträubt sich dagegen).

Adolf. Und lieben — lieben mußt Du mich, sonst töt' ich Dich. (küßt sie und läßt sie los).

Minna (prallt zurück, bleich bebend). Was — hast — Du — — gethan?

Adolf. Kind! nur nicht so entsetzt: ich lieb' Dich ja.

Minna (blickt ihn treuherzig an, mit gepreßter Stimme). Mich armes Lehrerkind!

Adolf (langsam mit Nachdruck). Ja — Dich armes Lehrerkind.

Leo (tritt ein).

Adolf (rasch zu Minna). Also adieu Fräulein. Ich richt' es schon meiner Schwester aus.

Minna (verwirrt ab).

Adolf (blickt verlangend nach).

Leo. Komm' ich ungelegen?

Adolf (mit verhaltenem Ingrimm). Du siehst doch — nicht im geringsten.

Leo. Ich wollt' Dich zu einem Spazierritt einladen.

Adolf (die Arme weit von sich streckend). s'ist mir recht. So ein bißchen die Faulheit vom Körper herunterjucken... das renkt die Glieder ein und macht geschmeidig. Hab' zwar heut' schon einige Stunden verpürscht, aber das hat sich wieder herausdestilliert; steckt schon wieder Frauenluft in der Kehle. Und wie die einlullt, wie die den Schädel dick und denkfaul macht!

Leo (lacht). Wenn das jetzt Deine Schwestern gehört hätten! da gäb' es ein Hagelwetter.

Adolf. Nanu! da wär' die ganze Ernte pfutsch... mein ganzes Renomée beim Teufel. Bei der jungen Kröte hab' ich so schon ausgespielt, s'ging nur mehr ab, daß mir Deine Braut die Freundschaft kündigt.

Hilda (tritt ein, grüßt stumm). Bruder! war nicht meine Freundin hier?

Adolf. Du meinst wohl die Lehrerstochter?

Hilda (scharf). Ja, die mein' ich.

Adolf. Ja, die war hier. Richtig! ihr Vater ist krank... das wollte sie Dir melden.

Hilda. Warum hat man mich nicht gerufen?

Adolf (haftig). Was weiß ich! (zu Leo) Entschuldige! Ich geh' nur in den Stall hinunter. Meinen Prorok muß ich selbst satteln (ab).

Leo. Warum kleine Schwägerin die Stirn so kraus?

Hilda (mit dem Fuße stampfend). Weil ich mich ärgern und immer ärgern muß.

Leo. Das sollst Du aber nicht . . .

Hilda. Das soll ich nicht! wenn man mich den ganzen Tag foltert, von einem Winkel in den andern schiebt, mir jede Minute zu erkennen giebt, daß ich im Hause überflüssig bin, vor mir alles vertuschelt wie vor der nächstbesten Stalldirne.

Leo. Man hat Dich doch gern. Du thust Deinen Leuten unrecht.

Hilda. Hilf nur auch zu ihnen. Du mußt es ja thun, sonst bekommst Du Schelte von Deiner Braut.

Leo. Du bist kindisch.

Hilda (wütend). Kindisch!! Immer dieselbe Leier. Immer drückt man mich zum Kind herunter, immer will man mich zur Puppe 'runterschrauben. Man will mir nicht den Platz gönnen, den ich infolge meines Alters beanspruchen kann und darf. Von nichts darf ich wissen, von nichts darf ich hören, gleich immer spanische Wände vor meinen Augen. Und dennoch täuscht man sich! Ich weiß so manches, was hier vorgeht.

Leo (betroffen). Soll das eine Anspielung sein?

Hilda (fremd). Eine Anspielung — nein! Ich hab' Dir eigentlich nichts vorzuwerfen.

Leo. Das freut mich. Ich hab' Dich ja ganz gern.

Hilda. So — oberflächlich gern.

Leo. Du irrst Dich, Hilda.

Hilda (schüttelt ihr offenes, frei wallendes Haar). Du machst mir kein U für ein Z vor. Du bist auch nicht anders wie die Uebrigen hier im Hause. Faßt das Leben gerade so auf, wie's Dir die Mitmenschen vorschreiben und nimmst es gerade so, wie es Dir sich bietet.

Leo (überrascht). Was ist das? Wo hast Du das her?
Hilda. Von Dir hab' ich's nicht.
Leo (grübelnd). Du — kluges Kind!
Hilda (bissig). Kind!
Leo. Hilda! Weißt Du aber auch, was das Wissen Dir bedeutet?
Hilda (fest). Das Leben.
Leo (düster). Sag' lieber den Tod! Du hast die Jugend damit verloren — Deine schöne Jugend.
Hilda (trotzig). Und wenn's so wäre!
Leo. Dann dauerst Du mich, um Dein Glück ist mir bange.
Hilda (lacht schrill auf). Um mein Glück? — Wer hat bis jetzt darnach gefragt — Niemand! Nein, Du warst der Erste — und das freut mich.
Leo. Mich auch.
Hilda (weich). Hätt' nie gedacht, daß Du ein Herz für fremdes Glück hast. Hier denkt alles nur an sich.
Leo. Du täuschest Dich!
Hilda. Ich —? (schüttelt ihr Haar) Ich glaube nicht (Pause). Schwager? (sieht ihn fragend an).
Leo. Nun — Hilda?
Hilda (im Zweifel). Nein! lassen wir's.
Leo. Willst Du mir etwas anvertrauen?
Hilda (die Hände nach abwärts faltend). Anvertrauen?! (blickt voll zu ihm auf) Ja.
Leo. Thu's, Hilda.
Hilda (schüttelt den Kopf).
Leo. Es ist nicht böse Neugierde .... auch nicht Absicht, Dir etwas herauszulocken .... Anteilnahme ist's (ergreift ihre Hand), warmes Mitempfinden ...
Hilda (mit leuchtenden Augen). Mit mir?
Leo. Ja, mit Dir.
Hilda (preßt die Rechte ans Herz, will sprechen, läßt aber müde die Hand sinken). Nein! es geht doch nicht.
Leo. Du schenkst mir also kein Vertrauen?
Hilda (kämpft mit sich).

Leo. Gut! Du magst Deine Gründe haben (bitter). Ich kann Dir's nicht verargen.

Hilda (freudig). Das war edel von Dir.

Leo (überrascht). Hilda! (geht auf sie zu) Ich fange an, Dich zu verstehen.

Hilda (taumelt rückwärts und verhüllt mit den Händen ihr Gesicht). Gott! (läßt die Hände sinken) Gelt, lieber Schwager, in Deinen Augen bin ich kein Wildfang mehr, kein bösartiges Ding, das nur da ist, um Unfrieden zu stiften?

Leo. Hilda, Du siehst zu düster.

Hilda (sicher). Mit jungen Augen!

Leo (überzeugt). Die sehen meistens falsch.

Hilda (enttäuscht aufschreiend). Schwager! Du verstehst mich doch nicht! Du bist doch bloß ein halber Mensch.

Leo (bestürzt). Hilda?!

Hilda (ihn kalt betrachtend). Schau mich nur groß an. Ich hasse Dich ebenso wie die Andern (geht zur Thür ab).

Leo (sieht ihr schmerzvoll nach, sich selber fragend). Haß —?

Vorhang.

Zweiter Aufzug.

Am folgenden Tage gegen Mittag. Im Kamin lodert das Feuer. Durch das Fenster bricht voll und kräftig das Sonnenlicht. Draußen ein vorzeitiger Frühlingstag. Die Kälte ist verschwunden.

Der alte Etzdorf sitzt beim Ofen, sehr warm gekleidet. Bertha sitzt wiederum beim Nähtischchen und arbeitet.

Bertha. Wie fühlst Du Dich, Papa?

Etzdorf (bleibt stumm).

Bertha (steht auf und geht auf ihn zu). Schläfst Du denn schon wieder?

Etzdorf (hebt den Kopf). Nein! Bin nur ein bischen eingenickt! Man taugt zu sonst ja gar nichts mehr ... da nickt man so dahin, bis man mal ganz hinüber schlummert.

Bertha. Aber ... Vater!

Etzdorf. 's wird mir nichts and'res übrig bleiben — als mein Lebenskonto abzuschließen, auf der Vormerkliste steh' ich schon lange. Wart' nur mehr auf die Einberufung.

Bertha. Vater, Du machst einem das Herz schwer ...

Etzdorf. Nun an jeden kommt die Reihe. Uebrig werd' ich auch nicht bleiben. Siehst Du das nicht ein?

Bertha. Das schon ... aber —

Etzdorf. Da giebt's kein Aber, wenn einen das große Los trifft , .. da heißt es marschbereit sein.

Bertha. Wir lassen Dich nicht ziehen ...

Etzdorf. Ha, ha! Subordination gegen den Himmel! Doch Spaß beiseite! Jetzt rückt Ihr ins Leben ein ... da heißt es abtreten.

Bertha. Für Dich haben wir immer Platz genug...

Etzdorf. Na wart' nur, wenn erst einmal Adolf heiratet! Der wird froh sein, wenn er's Nest für sich allein hat.

Bertha. Vater...! So schlecht denkt Adolf nicht.

Etzdorf. So war's auch nicht gemeint. Mußt mich nicht unrecht versteh'n. Jede Familie will unter sich sein, will allein weiter bauen auf dem Flecke, wo sie sitzt. Du und Dein Leo, Ihr freut Euch auch, etwas Euer Eigen nennen zu können, womit Ihr schalten und walten könnt, wie Ihr wollt. Der alte Forstner steht Euch nicht im Weg.

Bertha (beinahe heftig). Vater!

Etzdorf. Hu! Nur nicht gleich so empfindlich! Man hat's ja selbst mitgemacht, man weiß ja, wie das ist. D'rum bin ich froh, daß ich wenigstens Dich versorgt weiß. Ich wollt', ich erleb' dasselbe mit Hilda noch.

Bertha. Das wirst Du auch...

Etzdorf. Die macht mir Kummer... die braucht ein bischen mehr zum Glück als ihr.

Bertha (ungläubig). In wiefern?

Etzdorf. Weil sie aus der Art geschlagen ist. Sie ist keine von den Etzdorfs. In ihr ist etwas mitgewachsen, das hat sich nicht ausroden lassen... immer größer ist's geworden...

Bertha. Ich hab' noch nichts derartiges an ihr bemerkt. Was wär' denn das?

Etzdorf. Du freilich hast nichts bemerkt... hast an Dir genug zu thun! Aber ich als Vater hab' das wachsen sehen... wie 'nen Arzt bin ich dabei gestanden, der nicht helfen kann. — Ratlos!

Bertha. Meinst Du ihren Trotz?

Etzdorf. Trotz? Ha! als ob ihr den nicht Alle hättet! Das ist 'ne alte Erbsünde, die steckt schon, weiß Gott wie lang, in der Familie. Das ist es nicht. (vor sich hin) Es ist 'ne Art Trübsinn... Hang zur Schwermut... ein ewiges Sichunglücklichfühlen...

Bertha (aufstehend). Vater! Meinst Du, Hilda nimmt wirklich Alles so tief — (geht auf die andere Seite hinüber).

Etzdorf. Da hat man's ja..... Ihr kennt sie nicht...

Leo (tritt ein). Guten Morgen, Herr Etzdorf. (streckt die Hand hin) Das ist schön, daß Sie sich herübergemacht haben.

Etzdorf. (freundlich). Schwiegervater! Leo... das klingt besser.

Leo (ihm nochmals die Hand schüttelnd). Nun also! Guten Morgen, Herr Schwiegervater.

Etzdorf. Brav, mein Sohn! (auf das Nähtischchen zeigend) Aber laßt Euch nur nicht stören. Ihr habt Euch genug zu sagen. Ich weiß das ja. Deine Braut zergeht schon dort.

Leo. Ist Bertha hier? (dreht sich überrascht um).

Bertha (ist durch die Gartenthür verschwunden).

Etzdorf (beugt sich vor, befremdend). Was soll denn das bedeuten?

Leo (rasch). Sie wird sich schön machen wollen.

Etzdorf. Das hast Du heraus. Darauf wär' ich nicht mal gekommen. Ich sag's ja... die Weiber studiert man nie aus. Mußt Dir schon mit dem Alten jetzt die Zeit vertreiben. Kann Dir nicht helfen: statt Honigkuchen Häringschmaus.

Leo (läßt sich lachend auf einen Sessel nieder). Ist das ein Vergleich!

Etzdorf. Echt Etzdorf. Sag's nur! Dein Alter ist vom selben Holz. Eine gute, ehrliche Seele.

Leo. Das ist er.

Etzdorf. Etwas Starrsinn hat er auch im Kopf. Sind oft übereinander gekommen..... 's ging oft hitzig her... aber immer haben wir wieder zusammengefunden. 's wird Euch ebenso gehen — Dir und Bertha. Habt dasselbe Blut in den Adern.

Leo (schweigt).

Etzdorf. Man findet sich immer wieder...

Leo. Ja...

Hilda (tritt ein, eilt auf den Vater zu). Grüß Dich Gott, Papa!

Etzdorf (küßt sie auf die Stirne). Mein liebes Kind!

Hilda (zu Leo). Du — hier?

Etzdorf. Nun!. Ist Dir's nicht recht?

Hilda. Ich glaubte, Leo ist mit Adolf auf die Jagd gegangen.

Etzdorf. Das wird er sich wohl überlegen. Er bleibt lieber bei seiner Braut.

Leo (gezwungen). Da ist's wärmer.

Hilda. Früher steckte Adolf auch mehr beim Ofen. Ich weiß nicht, wo er auf einmal die Lust her hat, sich abzuhärten.

Etzdorf. Da mußt ihn schon selbst fragen!

Hilda. Der würde mir die Wahrheit sagen!

Etzdorf. 's ist halt auf einmal in ihn gefahren — die Jägerlust. In mir hat's auch gesteckt. So 'ne Passion vererbt sich meistens weiter . . . . . . 's wird Familieneigentum.

Leo. Sie geht ins Blut über . . .

Etzdorf. Ja . . . ja. Bei Euch war das Reisefieber epidemisch. Dein Alter hat's erst vor etlichen Jahren aufgegeben und Du —

Leo. Ich? — Ich hab' bereits jetzt kapituliert.

Etzdorf. Schon abgeschlossen —?!

Leo. Das gerade nicht. (ernst) Aber man sieht neben dem Luxus so viel Elend auf dieser Welt, daß man das Frohsein dabei gründlich verlernt.

Etzdorf (sichtlich aufatmend). Bist deshalb so ernst? Darüber mußt Du Dich hinwegsetzen. Du kannst es doch nicht ändern. Oder glaubst Du, daß an Deinem Leben sich die Weltangeln drehen? Das Elend läßt sich nicht aus der Welt schaffen, und ein Einzelner vermag es schon gar nicht.

Leo (düster). Ein Einzelner freilich nicht! Aber die Menschheit vermöchte es.

Hilda (sieht ihn begeistert an).

Leo (aufstehend, qualvoll). Wenn die Menschen wollten! es gäb' ein Paradies für sie.... für Alle!

Ehdorf. Mein lieber Leo, Das sind Hirngespinste, die moderne Propheten in die Welt gesetzt haben. Verwirklichen läßt sich so was nie.

Hilda. Sie lassen sich verwirklichen.

Leo (beklommen). Glaubst Du?

Hilda (verächtlich). Die Zweifler sind schuld daran, daß die Welt nicht umgeschaffen werden kann.

Ehdorf (verblüfft). Schau, schau! der junge Kreuzkopf! Willst auch eine Weltverbesserin werden? Mit überspannten Ideen hausieren gehen? Wer hat Dir denn die Grillen in den Kopf gesetzt? (grübelt nach).

Hilda. Niemand, Vater.

Ehdorf (plötzlich). Du lügst!

Hilda. Vater! das Leben lügt, wie wir es leben.

Ehdorf (sich mehr und mehr erregend). Wie wir es leben! Das heißt, wie ich es gelebt, willst Du sagen. Weißt Du, was Du mir damit absprichst: meine Existenzberechtigung. Alles, was ich geschaffen, streichst Du durch, vernichtest Du in meinen Augen. Das ist ruchlos... Ein Verbrechen ist's, das Du da an Deinem Vater begehst. Meine Vergangenheit willst Du so umbringen, mit einem Wort. —

Hilda (erschrocken). Ich nehm' Dir nichts von Deinem Leben....

Ehdorf (rauh). Du nimmst mir nichts!! weil es Dich anekelt, dieses Leben, weil —

Hilda. Du bist grausam, Vater.

Ehdorf. Ein Tyrann.

Hilda. Du verkennst mich.

Ehdorf. Du lehnst Dich auf gegen ererbtes Recht und hergebrachte Ordnung. Die Empörung schleppst Du herein in dieses Haus, das bis heute den Frieden gehabt hat.

Hilda. Vater! ich kämpfe für ein neues Glück.
Es soll auch Deine alten Tage neu vergolden.

Etzdorf. Ich brauch' kein neues Glück. Ich habe
die Ruhe gefunden in meinem alten Heim und fühle mich
wohl dabei. Zerstöre mir das nicht.

Hilda. Ich will Dir nichts zerstören ....! aber
lasse mich meinen Traum verwirklichen.

Etzdorf. Den Traum, den Dir der alte Lehrer vor=
gegaukelt hat. Das ist auch so ein Unzufriedener. Er hat
Dir diese hirnverrückten Ideen eingeblasen. Er hat den
Thau von Deiner Kindheit abgestreift....

Hilda (fest). Das hat er nicht!

Etzdorf (erregt). Er hat Dich innerlich zugrunde
gerichtet.

Hilda. Im Gegenteil, er hat mich innerlich ge=
sund gemacht.

Etzdorf. Das sagst Du mir so ruhig ins Gesicht?
Du empfindest darüber nichts? Man hat Dir die Scham=
röte von den Wangen gerissen .... das nennst Du ge=
sund werden? ..... ein Gesundwerden von den An=
schauungen, die Dein Vater sein Leben hindurch hochge=
halten ...

Hilda. Du bist damit ausgekommen. Du bist nur
in den Bahnen des Hergebrachten gewandelt, warst den
Traditionen Deines Geschlechtes stets ein treuer, verläß=
licher Anwalt. Ich bin anders geartet. Ich kann mich
damit nicht mehr abfinden. Ich hab' die neuen Ideen in
mich aufgenommen, sie haben mir eine neue herrlichere Welt
erschlossen und die hüt' ich mir!

Etzdorf. Ach, was! Ach, Unsinn! Das sind Kinder=
märchen.

Hilda. Ich will das Leben nicht verschlafen ....
ich will es leben, um mir ein schönes Glück zu verdienen.
Ich will nicht warten, bis eine gütige Vorsehung an mich
herantritt ...

Etzdorf (spöttisch). Du willst Dir Deinen Mann gleich
selber holen ...

Hilda. Warum nicht?

Etzdorf. Ein ehrliche Sprache! Alle Wetter!

Hilda. Soll ich's leugnen? Es wird kein Weib auf den Mann verzichten wollen. Man sucht das Glück in einem Menschen, dem man sich so ganz hingeben kann. Und finde ich den, der mir ganz gleicht . . . . . in allen Stücken gleicht, den hol' ich mir . . . . von dem lass' ich nicht mehr.

Etzdorf. Deine ganze neue Moral, auf die Du Dir so viel einbildest, dreht sich also um den Mann. Du, das ist eine alte, aufgewärmte Geschichte.

Hilda. Um den neuen ebenbürtigen Mann!

Etzdorf. Um den neuen Mann? wie stellst Du Dir den denn vor? (spöttisch) Daß er groß und hübsch ist und Eindruck auf Dich macht. Mit diesen Prädikaten muß der neue Mann ausgerüstet sein, dann kann er hoffen, Gnade in Deinen Augen zu finden.

Hilda. Du verhöhnst mich, Vater.

Etzdorf. Weil ich sie Dir zergliedert habe, Deine ganze neue Moral, auf die Du so stolz bist.

Hilda. Nein! Du irrst Dich. Mich wird nur die innere Größe eines Mannes überzeugen.

Etzdorf. Du bist eine excellente Schwärmerin. Eine solche Wunderpuppe mußt Du Dir fabrizieren lassen . . .

Hilda. Du kannst mir den Glauben an den Mann nicht rauben. Der über sich selbst hinaus strebt, der ein großer, wirklich guter Mensch ist, sich vervollkommnet in unablässiger Menschwerdung.

Etzdorf. Ha! Für dieses Phantom giebst Du alles preis, was man Dir in's Kindesherz gelegt . . . das muß alles auf die Schlachtbank geschleppt werden — auf jene große Schlachtbank, auf der man die alte Moral nieder= machen will. (drohend) Hüte Dich, sie wird sich stärker er= weisen als Du.

Hilda (fest). Ich fürchte sie nicht. Vater! Die Er= kenntnis ist über mich gekommen.

Etzdorf. Jene Erkenntnis, die Dich narren wird mit Trugbildern, die Deine Phantasie geschaffen hat. Ich sage Dir mit diesen Ansichten wirst Du ein einsamer Wüstenwanderer bleiben, der sich von der Fata Morgana äffen läßt.

Hilda. Die Zukunft trägt sie mir heran. Das Morgenrot der kommenden Zeit setzt sie in die Welt! Und alle Menschen werden überflutet von seinem Lichte.

Etzdorf. Und alle ziehen ein in das Reich der Phantasie! und sterben als Narren!! (erregt) Geh'.... geh' aus meinen Augen. (düster) Ich sehe, ich hab' mein Kind verloren.

Hilda (schreit auf). Vater!!

Leo. Schwiegervater! Lassen Sie Ihrem Kinde den Glauben an eine reine Menschlichkeit.

Etzdorf. Auch Du trittst wider mich auf! Willst mich auch mit Deiner Jugend belehren!

Leo. Ich steh' nur für das Recht des Einzelnen ein. Ein Jeder sammelt seine Erfahrungen für sich und darnach gestaltet er seine Anschauungen. Ich taste die Ihren nicht an . . . lassen Sie uns die Unser'n.

Etzdorf. Ich will aber nicht, daß meine Tochter zu denen gehört, die in ihrer Vermessenheit Jahrtausende niederstürmen wollen. Mein guter Name soll nicht darunter leiden. Der Lehrer ist an allem schuld. Er hat die Zwietracht in dies Haus geschleudert und mein Vertrauen getäuscht. (erhebt sich und streckt befehlend die Rechte aus) Er kommt mir nicht mehr ins Haus. (sinkt müde auf den Sessel nieder).

Hilda. Vater! (kniet nieder) Laß dem armen Mann das nicht entgelten.

Leo (zieht Hilda in die Höhe). Das soll auch nicht geschehen.

Etzdorf (liegt wie starr im Sessel).

Kleine Pause.

Frau Etzdorf (tritt ein).
Leo (geht ihr entgegen und küßt ihr die Hand).

Frau Etzdorf. Hier ist ja alles mäuschenstill? (geht auf ihren Mann zu) Oskar! Mit dem Aufbleiben hat's noch seinen Haken ... das ermüdet Dich.
Etzdorf (schwach). Ich spür's.
Frau Etzdorf. Willst Dich nicht wieder niederlegen?
Etzdorf. 's wird besser sein.
Frau Etzdorf. Komm'. (reicht ihm den Arm).
Etzdorf (erhebt sich müde, stützt sich schwer auf seine Frau).
Leo (öffnet die Thür). Auf Wiedersehen, Schwiegervater.
Etzdorf. Ja ... ja, zur Verlobungsfeier muß ich mich schon ein bischen herausstaffieren.
Frau Etzdorf. Nur keine Sorge. (bringt ihn hinaus).
Hilda (hockt auf dem Divan und starrt vor sich hin).
Leo (betrachtet sie eine Weile, geht dann auf sie zu und streichelt ihr Haar).
Hilda (blickt betrübt auf). Leo ... bist Du's?
Leo (nickt).
Hilda (leise). Ich hab' Dir unrecht gethan. Du bist ein Mensch, wie ich ihn liebe ... nur vorläufig noch auf dem Wege, der zur Höhe führt!
Leo (läßt sich neben Hilda nieder). Oder bereits verbraucht zum Höhenfluge ...
Hilda. Das ist nicht möglich.
Leo (düster). Und doch ist's so! Es klebt etwas an meinem Leben ... das hängt wie Blei daran ... bring's nimmer los. Das zieht mich stets zur Erde nieder .... das läßt mich nicht mehr in die Höhe kommen.
Hilda. Ist das das Unglück?
Leo (tonlos). Manche Menschen heißen es so .... andere nennen es wieder Enttäuschung ... wieder andere Schicksal und ich ... (sinnend) ich taufe es — (verbirgt den Kopf in seinen Händen).
Hilda. Sag's, Leo! ich bitte Dich.
Leo (zerknirscht). Verlorenes Leben.

Hilda (springt auf, sieht ihn starr an). Du — liebst — Bertha nicht!

Leo (bleibt stumm).

Hilda (weich). Mir darfst Du's sagen .... darfst Dich anvertrauen ... will Deine beste Freundin sein... will gern alles teilen mit Dir.

Leo. Wirklich? Das willst Du thun?

Hilda (begeistert). Ja! Weil ich in Dir einen neuen Menschen gefunden!

Leo. (mühsam). Hilda! ich darf Dich nicht betrügen. Ich bin es nicht. Ich nahm einst den Anlauf dazu und hatte den Mut, mich in den Kampf zu stellen. Ich stand in Berlin mitten in der Bewegung. Für alles Große, Schöne, Neue trat ich ein: Für Menschenrecht und Menschenwürde. Ich stürzte mit einer Schar Gesinnungsgenossen die alten Götzen, vor denen unser Geschlecht Jahrhunderte hindurch gekrochen. Eine neue Lehre boten wir unseren Mitmenschen: „Die Lehre vom freien Gewissen." Sie sollte ihnen die Erlösung bringen. (gedämpft) Aber man verstand uns nicht ...

Hilda. Armer Leo.

Leo (erregt). Man verhöhnte uns und nannte uns Narren ... Tollhäusler, die dem Irrenhaus entsprungen. Und gerade die, die wir aus dem Joche der Vertierung heben wollten, die zeterten am meisten gegen uns. Die Frauen warfen uns „die freie Liebe" vor, die wir nur gründen wollten, um sie auszuspielen und den Gelüsten des starken Geschlechtes völlig auszuliefern. Aber selbst wollten sie nicht stark werden, und die Wenigen, die stark geworden sind, ... die haben sich in die neuen Theorien so verbissen, daß sie darüber ihr Gefühl verloren haben!

Hilda (sieht ihn starr an).

Leo. Die wollen nichts mehr wissen vom Menschenglück! (erregt) Sie kämpfen für ihr Recht! Rücksichtslos gehen sie vor!! Der Haß ist die Triebfeder, die sie anspornt ... Mit Haß gründet man kein neues Geschlecht.

Hilda. Und ihre Liebe?

Leo. Sie kennen keine Liebe mehr . . . keine freudige wenigstens. Ihr Wille ist ihr oberstes Gesetz. Sie sind entartet. (schmerzvoll) Das hat mein Ringen erlahmt . . . das hat mich gleichgiltig gemacht gegen die neuen Ideen. (zögernd) Das hat mir den Menschen genommen. (fährt sich über die Stirn, wie um etwas Böses zu verscheuchen) Das hat mich zurückgeschleudert in die alte Tretmühle des Lebens.

Hilda (niedergeschlagen). Das hat Dich also hierhergeführt . . .

Leo (nickt). Nun geh' ich den gleichen weiten Weg, den so viele gingen . . . . den ererbten Alltagswerkelgang mit seinen Sorgen und Freuden — aber ohne rechten Impuls, ohne Leitstern, ohne Zukunft — ziellos bis zum Sterbeglöcklein. (qualvoll) Die neuen Freuden . . . . . das volle Sonnenlicht schau' ich nicht mehr. In mir ist alles ausgeglüht . . . alles (mit Geste) zerbrochen.

Hilda (bebend). Für immer, Leo?

Leo. Ja . . . für immer.

Hilda (mit einer leisen Hoffnung). Willst es nicht noch einmal wagen? Ich will Dir treu zur Seite stehen . . .

Leo. Du?! — (sie freudig anblickend) Mit Dir hätt' ich's vielleicht noch einmal gewagt. Es wär' ein frischer, froher Kampf daraus geworden. Die Siegeszuversicht in Deinen braunen Augen!! Die hätt' mir Riesenkräfte eingeflößt . . . Aber so — ist's zu spät!

Hilda. Warum?

Leo (rauh). Deine Schwester steht zwischen uns.

Hilda (entsetzt). Bertha! (senkt traurig den Kopf. Tiefes Schweigen).

Adolf (tritt ein in sichtlicher Erregung). Morgen! (wütend) Sind die Schuljungen ausgelassen wie die Wilden . . . . keinen Respekt mehr. Der alte Lehrer kann sie nicht mehr im Zaume halten. Soll die Dressur auf den Nagel hängen . . . 's wär' vernünftiger.

Hilda. Und verhungern dabei . . . Willst ihn ums Brot bringen?

Adolf. Bekommt doch schon seine volle Pension! Versitzt nur Anderen den Platz.

Hilda. Die Schule ist ihm Lebensbedürfnis geworden. Das verstehst Du „Nichtsthuer" freilich nicht. Laß ihm doch die einz'ge Freude . . . die Freude an der Menschenpflicht.

Adolf (lacht kurz auf). Pah — Menschenpflicht! eine abgedrosch'ne Phrase! Das machst Du mir nicht plausibel. Freie Wohnung . . . . freies Holz und dergleichen Eigennutz . . . . . das wird zur Menschenpflicht aufgedonnert. Kennt man.

Hilda. Pfui! Warum bist Du auf einmal so gehässig gegen ihn?

Adolf. Weil die Jungen so ungeschliff'ne Bengel sind, die Mädeln nicht viel besser.

Hilda. Ist das der wirkliche Grund?

Adolf (scharf). Was hast Du daran zu zweifeln?

Hilda. Es könnt' auch ein Vorwand sein!

Adolf (mit dem Fuße stampfend). Zum Kuckuck! Jetzt wirst Du still sein oder —

Hilda. Oder — artiger Bruder?

Adolf. Du sollst noch meine Kraft verspüren . . .

Hilda. Hast Du das auch vom Lehrer? Du bist zu ihm in die Schule gegangen. Es wär' das eine Art Dankbarkeit, wenn Du das noch von ihm behalten hättest.

Adolf. Gottseidank! hab' ich besseren Unterricht genossen.

Leo (der Situation ein Ende machend). Hast was erlegt?

Adolf. Nichts . . . . . hab' seit letzter Zeit verfluchtes Pech.

Hilda (mit Betonung). Hinter'm Schulhaus halten sich stets viel Krähen auf.

Adolf (sieht sie mißtrauisch an).

Hilda. Minna streut fleißig Brosamen auf den Schnee, die die Kinder achtlos in der Schule verstreuen.

Adolf. Ich bin kein Krähenjäger.

Hilda. Gehst wohl auf Beff'res aus!
Adolf (zuckt die Achseln. Zu Leo). Wann kommt Dein Alter?
Leo. Ich denke, nächste Woche.
Adolf. Wird Tratschwetter geben. Die Sonne sticht schon gewaltig nieder. Gestern noch die Hundekälte und heute bläst einem die Frühlingsluft die Wärme in's Gesicht.
Hilda (freudig). Dann werden bald die Blumen kommen!
Leo. Ja.... Schneeglöckchen.... Windröschen sind die ersten Sendboten einer neuen schönen Zeit.
Hilda. Die mußt Du tragen!
Leo (überrascht). Ich!?
Hilda. Ja — Du! (geht ab)
Adolf. Mit Dir scheint sich die Kleine ganz famos zu vertragen...
Leo. Und soll sie's nicht?
Adolf. Sollen!! warum denn nicht? Es wundert mich bloß.
Leo. Man muß sie zu behandeln wissen.
Adolf. Das scheinst Du ganz besonders gut zu können. Wenn Du die Bertha auch so meisterst, dann gratulier' ich Dir dazu.
Bertha (tritt ein). Adolf? (macht einige Schritte zurück, völlig bestürzt über die Anwesenheit Leos).
Leo (entschlossen). Adolf! hättest Du die Güte, uns einen Augenblick allein zu lassen.
Adolf. Bitte. (will ab).
Bertha. Bruder, es ist nicht nötig.
Adolf (dreht sich um). Was soll das heißen?
Bertha. Leo soll Dir die Antwort geben.
Leo (zuckt die Achseln).
Adolf (bestürzt). Was geht hier vor?
Leo (mit ehernem Nachdruck). Bertha! die Komödie muß ein Ende nehmen.

Bertha. Das Vorspiel zur Ehe!! Und wenn es mir behagt, mir meine Rolle zuzuschneiden für die große Ehekomödie... wer hindert mich daran?

Leo. Ich!

Bertha. Du? — Wenn ich meine Ansprüche herunterschraube, daß mir nur mehr das nackte Leben bleibt... wenn ich alles in mir systematisch einschläfere, um —

Leo (erregt). Zu Ende!!

Bertha. Dir zu genügen...

Leo (scharf). Das ist brutal. — Jetzt sollst Du meinen Standpunkt kennen lernen.

Adolf (zu Bertha). Du bleibst hier! (geht rasch ab).

Bertha (sieht ihm betroffen nach; resigniert zu Leo). Willst Du mich wieder demütigen?

Leo. Demütigungen kenn' ich nicht. Das Gekränktseinspielen muß aber aufhören... das paßt für den Brautstand nicht.

Bertha. Auch ein liebloses Leben paßt nicht dazu.

Leo. Wirf Deinen Stolz ab, und es wird eine Verständigung möglich sein.

Bertha. Hab' ich's nicht gethan? Und was hab' ich dafür eingeheimst? Deinen Hohn. Ich that, was nur ein Weib, das liebt, thun kann.... ich warf mich vor Dir auf den Boden hin...... bat Dich auf den Knien um Vergebung. Du ließest mich liegen...... ließest mich Deine Verachtung fühlen. Wer das vertragen kann?! — Ich nicht!!

Leo (mit eisiger Ruhe). Würdest Du mich lieben, so hättest Du es überwinden können. Die wahre Liebe überlebt auch den Zorn des Mannes!

Bertha. Aber nicht die Verachtung! dagegen bäumt sich alles auf, was gut ist in einem: Gefühl, Empfindung, Liebe.

Leo. Weißt Du aber auch, was Liebe ist? Ich glaube, sie ist Dir fremd geblieben...

Bertha. Mir? Du sprichst mir ab, was ich Dir freimütig gestanden. Du glaubst an meine Liebe nicht, weil Du sie nicht begehrst.

Leo. Und wenn ich sie begehrte! wenn ich an Dich herantreten würde und sagen: „Gieb mir, was ich will!" Was würdest Du mir antworten?

Bertha (allen ihren Mut zusammennehmend). Nimm mich hin . . . .

Leo. Und wenn ich mehr verlangen würde . . .

Bertha. Noch mehr?

Leo. Das große Geheimnis der Liebe.

Bertha. Was meinst Du damit?

Leo. Im Zusammenleben liegt es nicht . . . sondern im gänzlichen Verleugnen seines Ich's!

Bertha. Und wo bleibt da die Gleichberechtigung des Weibes?

Leo. Im Manne feiert sie ihre Auferstehung . . .! Ihre Wiedergeburt!

Bertha (höhnisch). Und ihre ganze Rechtlosigkeit!

Leo. Siehst Du —! das kannst Du nicht. Daran scheitert Deine Liebe! Darüber kommst Du nicht hinweg, weil —

Bertha (gespannt). Weil —!

Leo. Die Uebereinstimmung fehlt, die uns verschmelzen könnte . . . weil wir nicht gleichgeartet sind. Das ist das Ewig-Trennende in unserer Liebe. (Kurze Pause).

Leo. Aber ich biete Dir die Hand zur Versöhnung. Es wird sich schließlich der Mangel an Liebe überbrücken lassen. (reicht ihr die Hand hin)

Bertha (zögert).

Leo (fest). Schlägst Du sie aus; dann — trage Du die Folgen.

Bertha (legt die Fingerspitzen auf seine Hand).

Hilda (tritt ein. Sie ist ernster und gesetzter geworden. Sie schreitet zum Gartenfenster. Es herrscht peinliches Schweigen).

Hilda (zieht den Vorhang zurück, öffnet das Fenster und beugt sich hinaus). Wie schön es heute ist... (blickt zu Leo hin) wie wunderschön!! So still da draußen. Mir dünkt, ein großer Friedhof ist die Welt — und alles schlummert. Doch nein! (freudig) Ein warmer Hauch berührte meine Wangen! es ist ein Gruß vom Leben. (entzückt hinausschauend) Seht doch! das Erwachen zieht über die Natur. Schon schmilzt der Schnee... dort kommt die Erde bereits zum Vorschein. Wie Befreiung sieht das aus! — Und wie sich die Aeste der Bäume dehnen, als wollten sie die Sonne umarmen!

Leo (sieht sie verzückt an).

Bertha (betrachtet verblüfft die Beiden).

Hilda. Horcht! Ist das nicht eine Amsel? Ja, ja... sie singt uns das Frühjahr herein!!

Leo. Und ein neues Leben!

Hilda. Den Traum vom Erdenparadies.

Leo (beklommen). Den die Menschen stets verträumen...

Hilda (traurig). Und nie verwirklichen. Es fehlen ihnen die Flügel, die sie zur Sonne tragen würden.

Leo. Man muß sich selbst die Schwingen konstruieren können...

Hilda (im Zweifel). Zum Fliegen oder zum Fallen?

Leo. Zum Fliegen!

Hilda. Ach, könnt' ich mir solche Flügel machen! ich flög' weit fort von hier.

Leo. Gedulde Dich! Du wirst sie erhalten.

Hilda. Wirklich?

Leo. Ja! Und nun lebt wohl.... Ich muß an die Arbeit gehen. (will ab).

Hilda. Du willst schon gehen?

Leo. Ich muß. Die Pflicht ruft. Ich will das Leben von vorne beginnen.

Hilda (freudig). Das große Menschenwerk?!

Leo. Ja! ich muß die Drähte wieder herstellen, die mich mit Berlin verbunden haben.

Hilda (jubelt). Das ist Sieg!

Leo (ernst). Juble nicht zu früh. Es kann einen zweiten Untergang geben, von dem es keine Auferstehung mehr giebt. (mit starker Betonung) Dir danke ich die Zukunft! Du hast mir meine Lebensaufgabe hervorgezogen aus dem Schutt und Trümmerhaufen der Gegenwart. Du hast mich ins Leben zurückgeführt!

Hilda (sieht ihn verzückt an).

Leo (mit einer kurzen Verbeugung ab).

Bertha (wie aus einem schweren Traum erwachend) Was soll das heißen?

Hilda (mit starker Betonung). Du wirst's begreifen lernen, wenn Leo erst — —

Bertha (empört). Schweig! ich weiß genug. Ha!! jetzt versteh' ich ihn und Dich! (stürzt weinend auf das kleine Nähtischchen nieder).

Hilda (lehnt starr und regungslos am offenen Fenster).

Vorhang.

Dritter Aufzug.

Ein schöner Märznachmittag. Die Sonne steht schon tief im Westen. Das Gartenfenster ist offen.

Kathi (begießt die Blumen rückwärts vom Blumentisch).

Frau Etzdorf (tritt ein). Ist alles in Ordnung drüben im Speisesaal? Der Tisch gedeckt?

Kathi. Ja, gnäd'ge Frau.

Frau Etzdorf. Für wieviel Personen hast Du gedeckt?

Kathi. Für sieben Personen.

Frau Etzdorf. Stimmt. War der Verwalter schon hier?

Kathi. Ich hab' ihn nicht geseh'n.

Frau Etzdorf. Hol' ihn 'rüber. Heut' heißt es Füße machen. Spute Dich und in der Küche fleißig Hand angelegt.

Kathi (macht einen Knix, ab. Kleine Pause).

Frau Etzdorf (blickt zum Fenster hinaus).

Bertha (tritt ein, sieht sehr blaß aus.)

Frau Etzdorf (dreht sich um und geht Bertha entgegen). Bertha!

Bertha. Was willst Du, Mutter?

Frau Etzdorf (sieht sie lange an). Sag mal, hat sich noch nichts geändert zwischen Dir und Leo?

Bertha (unruhig). Mutter! wenn Du wüßtest, wie Du mich damit quälst . . .

Frau Etzdorf. Weil ich eine Entscheidung herbei= führen will . . . .

Bertha. Mutter! ich habe mich schon entschieden.

Frau Etzdorf. Mit dieser Leichenmiene! Kein einziger freudiger Zug ... nicht ein Sonnenstrahl in Deinem Gesicht! Was müssen sich die Leute denken!

Bertha. Ach Gott, die Leute! Was wissen die?

Frau Etzdorf. Aber urteilen werden sie — sonderbar urteilen.

Bertha. Lassen wir ihnen die Freude.

Frau Etzdorf. Und Dein alter Vater? Glaubst Du, er merkt nichts ..... er wird vergeblich Glück und Freude in Deinem Gesichte suchen. Er wird davon nichts finden und zusammenbrechen.

Bertha. Mutter! was soll das heißen?

Frau Etzdorf. Er wird sich schuldig fühlen. Er wird glauben, Du hast seinem Wunsche Dein Glück geopfert.

Bertha. Mutter!!

Frau Etzdorf. Glaub' mir. Er wird nie mehr zur Ruhe kommen ....

Bertha (erregt). Unmöglich, Mutter! All das redest Du Dir ein ...

Frau Etzdorf. Er bringt den Zweifel nicht mehr los ... bis er nicht die Gewißheit erlangt ...

Bertha (trotzig). Die kann ich ihm geben!

Frau Etzdorf. So! Durch Enthüllungen?!

Bertha (fest). Durch mein Ja-Wort!

Frau Etzdorf (erschrickt). Bertha! Sag', willst Du Dich täuschen oder uns?

Bertha (mit Betonung). Ich täusche niemanden, Mutter.

Frau Etzdorf (ungläubig). Niemanden?! — Und Du kannst Dich nicht ein klein Wenig zur Fröhlichkeit aufraffen?

Bertha (qualvoll). Ach, wenn das doch ginge ...!

Frau Etzdorf (bitter). Aber sag' mir doch! Bist denn noch nicht im Reinen, ob Du mit ihm glücklich werden kannst? Du hast doch vor einigen Tagen selbst darauf gedrungen, daß endlich die Verlobung gefeiert wird.

Bertha (mit Galgenhumor). Die hinausgeschobene Verlobungsfeier.

Frau Etzdorf. Du weißt doch, der alte Forstner konnte früher nicht weg und dann wollte doch auch Dein Vater mithalten. Es soll ein freudiges Familienfest werden. Du siehst mir aber gar nicht darnach aus.

Bertha. Mutter, ach, lassen wir das Thema.

Frau Etzdorf. Nein Kind, so bagatellmäßig setz' ich mich nicht darüber weg. Dein Lebensglück hängt davon ab. Ich will wenigstens mein Gewissen rein bewahren. Noch ist es Zeit, Mädel. Ich frage Dich: Ist die Verbindung mit Leo Dein ernster Wille? Antworte mir ehrlich!

Bertha (fest). Es ist mein Wille.

Frau Etzdorf. Glaubst Du diesen Entschluß nie bereuen zu müssen?

Bertha. Ich habe nichts zu bereuen.

Frau Etzdorf. Gut! mit der Zukunft hast Du selbst zu rechnen.

Bertha. Ich werde mich mit ihr abfinden.

Frau Etzdorf. Bertha! ich habe Dich zur rechten Zeit gewarnt. Ueberlege, bevor es zu spät ist. (Es klopft an der Thür).

Frau Etzdorf. Herein!

Rilke (tritt ein. Er macht den Damen seine Reverenz). Gnädige Frau geruhten mich zu rufen —

Frau Etzdorf. Sind alle Vorkehrungen zum Empfang des alten Herrn getroffen?

Rilke. Jawohl, Gnädige! Die Einfahrt ist mit Tannenreisern geschmückt . . . . . ein Willkommen prangt über'm Thoreingang . . . der Hof ist gesäubert . . . alles blitzblank!

Frau Etzdorf. Vergessen Sie nicht, daß das ganze Personal anzutreten hat.

Rilke. Es wurde schon probiert. Vorm Eingang wird Spalier gemacht . . . . . rechts die Männer, links die —

Frau Etzdorf. Jetzt lassen Sie die Rappen einspannen ..... das neue Silbergeschirr wird genommen.
Rilke. Bereits geschehen, Gnädige.
Frau Etzdorf. So ... Wer hat —
Rilke. Der junge Herr hat's angeordnet.
Frau Etzdorf. Fährt Adolf zur Bahn?
Rilke. Darüber kann ich keine Auskunft geben. Ich glaube aber nicht.
Frau Etzdorf. Dann fahren Sie mit! 's ist hohe Zeit.
Rilke. Sofort, Gnädige. (will ab).
Frau Etzdorf. Wie lange brauchen Sie zur Station?
Rilke. Zirka sechs Minuten.
Frau Etzdorf. Gut! ich verlasse mich auf Sie.
Rilke. (verneigt sich, ab).
Frau Etzdorf (geht unruhig hin und her.) Du hast mir also nichts mehr zu gestehen —?
Bertha. Was soll ich Dir denn gestehen?
Frau Etzdorf (düster). Ich glaube, Du hast etwas Schlimmes erfahren, und das verschweigst Du mir.
Bertha. Du weißt alles, Mutter. Ich habe Dir alles gebeichtet.
Frau Etzdorf. Ich fürchte für Dich ...
Bertha. Mutter, das sind Grillen!
Frau Etzdorf. Du verheimlichst mir also nichts?
Bertha. Mutter?!
Frau Etzdorf. Nun gut, ich glaube Dir. Nur eines sage mir noch, damit mein Inneres zur Ruhe kommt. (sieht Bertha voll an) Kannst Du Leo die Achtung entgegen bringen, die notwendig ist, für eine glückliche Ehe?
Bertha (bebend). Ich — achte ihn.
Frau Etzdorf (freudig). Das tröstet mich, Bertha.
Adolf (tritt ein). Ah! (streckt die Arme) ist das ein Tag! es flunkert ja alles gerade nur vor lauter Sonnenlicht. Selbst Vater sonnt sich drüben noch am off'nen Fenster.

Frau Eßdorf. Was? Der kann sich schön zurichten. Muß doch gleich mal nachsehen. (geht ab).

Adolf (sieht Bertha forschend an). Schwester! Bist Du in den letzten Tagen einsilbig geworden. Und das hast Du mir auch verschwiegen, was ihr zwei, Du und Leo, damals miteinander auszukochen hattet.

Bertha. Weil es belanglos war . . .

Adolf. Ihr habt Euch also wieder geeinigt?

Bertha (betroffen). Das heißt . . . .

Adolf. Daß Ihr Euch in irgend einem Punkte nicht verstanden habt!

Bertha. Mag sein.

Adolf (die Hand auf ihre Schulter legend). Bertha, Du kannst auf Deinen Bruder rechnen.

Bertha. Du guter Bruder.

Adolf. Mir dünkt, es wird noch nötig werden.

Bertha (erschrocken). Bruder?!

Adolf. Allzu glücklich siehst Du mir nicht aus. Leo scheint Dir dazu wenig Anlaß zu geben.

Bertha (in Erregung). Merkst Du das auch?

Adolf (ernst). Hab' ich es richtig beurteilt! Wie denkst Du Dir denn eigentlich das Zusammenleben mit ihm?

Bertha (ausweichend). Darüber hab' ich noch nicht nachgedacht.

Adolf (dumpf). Wunschlos . . .?

Bertha (nickt).

Adolf. Das heißt auf das Leben verzichten, Bertha. Kannst Du das vor Dir selbst verantworten?

Bertha. Warum nicht?! (bitter) O, was kann der Mensch nicht alles!

Adolf. Sein eigenes Lebensglück preisgeben, heißt das! Leben und nicht wissen, warum! (schaudernd) Wenn ich mir's ausdenke: Ohne Gefühl . . . ohne Empfindung . . . ohne Nervenreiz. Das ist Tortur, Bertha! Das kann Dein Ernst nicht sein.

Bertha. Und doch! Vielleicht gefällt es mir, Märtyrerin zu sein.

Adolf. Wie lange? und was dann — —

Bertha. Ein Leben lang.

Adolf (bestürzt). Du bist ein Rätsel.

Bertha. Weil ihr gewöhnt seid, das Leben nach dem Vorteil abzuwägen. Deshalb bin ich Dir ein Rätsel! — Ich will für mich ein liebeloses Leben! Ich verzichte nicht auf ihn!! Begreifst Du das?

Adolf (sieht sie unverständlich an).

Bertha (lacht kurz auf). Ich glaub' Dir's Bruder, daß das spanische Lieder sind für Deinen großen, ehrlichen Schädel.

Leo (tritt ein; geht auf Bertha zu und reicht ihr die Hand).

Adolf (sieht auf die Uhr). Dein Vater muß bald da sein. 's wird gemütlich werden heute. Mein Alter paukt sich schon den Toast ein und freut sich kindisch drauf, ihn loslassen zu können. Wenn er nur nicht melancholisch wird dabei.... das ist seine schwache Seite.... sonst wird eine Trauerrede draus.

Leo (zuckt zusammen). Das kann man dem alten Manne nicht verübeln.

Adolf. Als Orakel dürft' ihr sie nicht nehmen.

Bertha. Ueber diesen Aberglauben sind wir längst hinaus.

Leo. Ja wohl, Bertha.

Hilda (stürzt herein, das Haar wirr im Gesicht, mit wutblickenden Augen. Sie macht einige Schritte nach vorwärts, bleibt dann stehen und betrachtet vorwurfsvoll den Bruder).

Alle sehen starr auf Hilda.

Leo (entsetzt). Hilda! was ist denn los? Wie siehst Du aus?!

Hilda (atmet schwer).

Bertha. Bist Du gelaufen? Hast Dich erhitzt! Hat Dir jemand nachgejagt?

Hilda. Das Elend ist hinter mir.

Bertha (kurz). Du redest Unsinn.

Hilda. Die Wahrheit! die volle Wahrheit!! (stürzt auf Adolf zu) Bruder, was hast Du angestellt? (die Hände bittend emporhebend). Hab' Erbarmen! Gieb dem armen Kinde die Ehre wieder!

Adolf. Bist Du verrückt?

Hilda (mit verächtlicher Geberde). Feigling! Hab' doch den Mut, es einzugestehen.

Bertha (erschrocken). Was ist denn?

Adolf (verfärbt sich).

Hilda. Eine bodenlose Gemeinheit.

Adolf (lacht rauh). Du wirst ausfallend. Man ist aber Deine freche Sprache schon gewöhnt.

Hilda. Also doch ein halbes Eingeständnis!

Leo. Hier steh' ich im Wege. (will ab)

Hilda (vertritt ihm den Weg). Nein! bleib', Leo! ich bitte Dich.

Adolf (zu Hilda). Behalt' Dir Deine Moral. Von Dir lasse ich mir keine Vorschriften machen.

Hilda. Du willst sie also sitzen lassen, nachdem Du sie ins Unglück gestürzt?

Bertha. Hast Du Dich denn vergangen, Bruder?

Hilda (erregt). Ja . . . das hat er. Mehr als das! Betrogen hat er meine Freundin. Ihren Glauben hat er mißbraucht . . . Das Elend hat er ihr ins Herz gestoßen. Das muß er gut machen oder —

Adolf. Ich werd' sie schon abfinden.

Hilda (empört). Abfinden?! Pfui! Du meinst mit Geld! Schäm' Dich —

Adolf. Anders wird sich das kaum machen lassen.

Hilda. So! als ob es keinen ehrlichen Weg dafür gäbe!

Adolf (lachend). Hast Du verrückte Ideen!

Hilda. Du hattest einst andere Grundsätze! Als Du von der Stadt zurückkamst, spieltest Dich auf den modernen Menschen hinaus. Da warst Du großsprecherisch mit den neuen Satzungen herum. Aber natürlich! Das war damals . . . . das ist nun alles eingeschlafen in Dir. Jetzt, wo Du diese Anschauungen ins Praktische umsetzen könntest, kneifst Du aus.... weil sie Dir unangenehm geworden sind. Jetzt verschanzt Du Dich hinter dem Trödelladen unserer gesellschaftlichen Konvention.

Adolf. Wer sagt Dir das?

Hilda. Dein Leben giebt Zeugnis davon...

Adolf. Ich habe Dich nicht als Richter über mein Leben bestellt! Merke Dir das!

Hilda. Wohin sind aber Deine Grundsätze gekommen? Ich habe ein Recht, Dich zu fragen. — Erinnerst Du Dich noch, als Du mit mir die Schätze teiltest... ungeahnte Schätze, die Du aus der Stadt mitnahmst. Ich saß auf Deinem Schoß — viele Abende hindurch da draußen unter der alten Linde — und lauschte Deinen prophetischen Worten. Du rissest mich aus einem dumpfen Traum empor... Ich sah „das Glück neuer Menschen."

Adolf. Das waren Märchen....

Hilda (fest). Ein Märchen, das der Verwirklichung entgegensah.

Adolf (spöttisch). In grüngoldner Dämmerung bei verträumten Blüten ein kurzer Traum und prächtige Illusionen.

Hilda (schmerzlich). Du bist also abtrünnig geworden.

Adolf. Ha! das lehrt die Zeit. Auch Du wirst noch Deine Schule machen und dort anlangen, wo ich längst gelandet bin.

Hilda. Nie! und müßt' ich weltverlassen mit meinen Ideen auf der Straße stehn.

Adolf. Das wird Dir auch passieren, wenn Du nicht beizeiten vernünftig wirst.

Hilda. Pfui! Du hast kein Herz mehr...

Adolf (brutal). Aber Verstand! und der führt eine derbe Sprache.

Hilda. Du hast also Dein besseres Ich aufgegeben....

Adolf. Im Gegenteil! Nachdem ich das alles abgeschüttelt, hab' ich den Jeremias wieder gewonnen und die Lust und die Freude am Dasein. Das hatte ich mir alles vergällt mit diesen verwaschenen Ideen. Ich werde nicht Propaganda machen für eine Sache, die einem alles, was einem lieb ist, aus dem Körper heraussaugt, die einen kraft und marklos macht. Ich habe mich zu lange auf's Wünschen verlegt, und immer ist's bei diesen Wünschen geblieben. Jetzt greife ich zu und nehme mir das volle Leben, wo sich's packen läßt.

Hilda. Und zerstörst das Leben Anderer. Hat auch die Verpflichtung für Dich aufgehört zu existieren? Hast Du auch die weggestrichen von Deinem Leben?

Adolf. Wozu frägst Du mich? Dir kann es doch ganz gleich sein, wie ich mir mein Lebensprogramm abgefaßt habe.

Hilda (scharf). Das kann mir nicht gleich sein! Ich will wissen, welches Los meine Freundin erwartet ... in welche Hände sie gefallen ist!

Adolf. Du suchst Kapital für sie zu schlagen ....

Hilda. Ich will, daß Du ihr die Ehre zurückgiebst!

Adolf (mit Spott). Eine Lehrerstochter soll meine Frau werden.

Hilda. Und ist das entehrend?

Adolf. Komisch mindestens.

Hilda. Aber nicht niederträchtig.

Adolf (mit Galgenhumor). Buchstabenweisheit zur Mitgift, damit ich mir die Wände austapezieren kann.

Bertha (zu Hilda). Hilda! Du schlägst die Ehre dieses Mädchens doch etwas zu hoch an ..... die ihre Sünde ungescheut an den Pranger stellt, die wird —

Hilda (einfallend). Weil sie mir, der besten Freundin, ihr Elend gestanden ...

Bertha. So etwas schweigt man tot ...

Hilda. Das hätt' sie auch gethan! Hätt' ich es ihr nicht herausgepreßt ... es stand ihr wie ein Kainszeichen auf der Stirn geschrieben.

Bertha. Ich will nicht die Dr... meines Bruders damit verteidigen. Durchaus nicht. Aber wer so rasch seine Tugend wegwirft, muß nicht besonders sattelfest gewesen sein. Das ist meine Ueberzeugung. — So fangen Dirnen an.

Hilda. Dirnen?! — Das sagst Du als Weib?... Dann hast Du kein Verständnis für Dein Geschlecht! Sie — eine Dirne!

Bertha (spöttisch). Das Laster hat in Dir eine warme Verteidigerin gefunden!

Hilda (erregt, Als ob ein Fehltritt schon das ausgeprägte Laster wäre...! (zu Leo mit aufgehobenen Händen) Leo, hilf Du mir meine Freundin verteidigen.

Adolf (hat sich zum rückwärtigen Fenster zurückgezogen und blickt starr ins Freie).

Leo (scharf). Die Sache muß jedenfalls wieder gut gemacht werden.

Bertha. So —! Eine Sühne! Der Bruder soll sein Vergehen sühnen. Seine Unbesonnenheit. Mit seinem Leben womöglich!

Leo. Thun das nicht Andere auch?

Bertha (erbleicht). Und wie sühnt sie? Daß sie sich hier im Hause breit macht und die Früchte ihrer Sünde genießt.

Leo. Hat sie denn überhaupt gesündigt? Die alte, feige Moral wirft gewissenslos mit ihren sinnlosen Schlagwörtern herum ... da wird alles gleich zur Sünde aufgebauscht und die Verdammnis ins Treffen geführt.

Bertha. Ha! das Laster dieses Mädchens wird noch zur Tugend gestempelt.

Leo. Es liegt etwas Wahres drin, in diesem Ausspruch, so häßlich er auch gemeint war. (mit wachsender Stimme) Ihr reiner, voller Glaube zu dem Manne, den sie liebte, hat sie in Euren Augen schlecht gemacht. Weil sie sich hingegeben, vertrauensvoll und arglos, ohne den legitimen Kaufbrief „Trauschein" zu besitzen, spielt man sie nun als Dirne aus!

Bertha. Kann ihr Fehltritt nicht Berechnung gewesen sein?

Hilda (mit Abscheu). Pfui! das zeichnet Dich —. Das ist eine herrliche Illustration zu Eurer berühmten Moral.

Bertha (aufgebracht). Wirst Deine Zunge jetzt —

Leo (packt Bertha am Arm). Kein unbesonnenes Wort!

Bertha (wütend). Wer giebt Dir das Recht gegen mich so vorzugehen?

Leo. Unser Verhältnis zu einander.

Bertha. Mich zu tyrannisieren!

Leo. Dich vor jedem unbesonnenen Schritt zurückzuhalten.

Bertha (hämisch). Und wie verantwortest Du Deine Stellung zu Hilda? (blickt ihn boshaft an).

Leo (mit eiserner Ruhe). Das ist nicht mehr als Menschenrecht.

Bertha. Sag, ist das keine Phrase?

Leo (erregt). Ich habe nie mit einem Menschenleben gespielt, habe das Dasein stets sehr ernst genommen. Ich treibe keinen Spott mit Dingen, die mir heilig sind.

Bertha (ausfallend). Sieh da! Die Frömmigkeit ist ja eine ganz neue Lichtseite, die Du zeigst.

Leo. Spotte nicht! Du hast kein Recht mich zu verhöhnen.

Hilda (zu Bertha). Du bist blind, Bertha; sonst würdest Du Leo mehr achten.

Bertha (mit Ironie). Deshalb blickst Du so zu ihm auf!

Hilda. Ja! Weil er eine groß veranlagte Natur ist . . . kein Alltagsmensch!

Bertha. Das ist ja eine völlige Liebeserklärung. (zu Adolf gewendet) Bruder, das wird pikant! Vielleicht erleben wir hier dasselbe Possenspiel (mit Nachdruck) natürlich ohne Berechnung.

Leo (losbrechend). Bertha! das war schlecht von Dir... bodenlos schlecht! Bis in die Seele hinein schlecht!

Bertha (höhnisch). Ah! der neue Mann entpuppt sich . . . das Wunder der Menschwerdung vollzieht sich in ihm.

Leo. Pfui!

Adolf (vorstürzend). Mein Herr! Beschimpfungen meiner Schwester verbitte ich mir. Ich schreibe das Ihrer Erregung zu, sonst —

Hilda (zu Adolf). Jetzt spielst Du Dich wieder auf den Ehrenmann hinaus. Vor seinesgleichen muß man das ja sein, vor Niedergestellten darf man auch ein Schurke sein. Nicht wahr?

Adolf (stürzt mit erhobener Faust auf Hilda los).

Leo (tritt dazwischen). Zurück!! Das lasse ich nicht zu.

Adolf (taumelt zurück).

Hilda (hat sich scheu an Leo angeklammert). Leo . . . . danke Dir.

Kleine Pause.

Bertha (betrachtet mit haßerfüllten Augen ihre Schwester; dann schreit sie wie sinnlos auf). Gemeines Weib!

Leo (richtet sich starr auf). Gemein?! das Wort bringt die Vergeltung! (hastig) das zerreißt alles, was zwischen uns bestanden hat . . . Wir sind geschieden — durch das gemeine Weib!

Bertha (schreit auf). Die Vergeltung!!

(Vom Garten her hört man Hochrufe).

Adolf (geht auf Leo zu). Mein Herr! Mit Phrasen hebt man kein Versprechen auf. Ein Schurkenstreich verlangt auch seine Sühne.

Leo. Sie meinen wohl, ich habe jetzt den Befähigungsnachweis geliefert, daß ich kein Prostituierter der Gesellschaft bin?

Adolf. Das können Sie halten, wie Sie wollen.

Leo. Wenn es so gemeint ist . . . (scharf) Ich hab's nicht nötig, im Ehrenkodex nachzublättern.

Adolf (mit Ironie). Sie existieren also doch noch — die vergilbten Anschauungen. (entschlossen) Dann werden wir uns zu finden wissen . . .

Ich will noch einmal die Tradition mit […]. Die [Pfarrerstochter] sind mir aber bei [Leichengänge] Pathin [lieben].
Das heißt....
Ja. Doppelsühne.
[…] kurz auf, zur [Schwester]. […], Bertha!
[…] nichts mehr zu […]. […] Bertha den
[…] Ausgang zu. Im selben Augenblick öffnet sich
[…] Sommer steht auf der Schwelle).
[…] zurück).
[…]. He? Das [heißt] [sämtlich] ein
[…] wahr, meine Kinder?
[…] mit […]. Mein Herr!
[…] Sie kommen zu […]. Die Verlobung ist
[…] […] oder […]. Wie? (stammelnd)
[…] —
[…]. Hier ist die Braut — [entehrt] von ihrem
[…] [scharfem Accent] Da ist wohl, glaub' ich,
[…]feier überflüssig. (Schreiter rasch) an dem alten
[…], Bertha nachziehend).
[…] bleibt auf der Schwelle wie festgewurzelt stehen).
[…] Sohn?... mein Leo? [erblickt ihn], stürzt
[…] Arme wie zum Flehen aus).
[…] […], mit […] Ruhe. Vater...
[…] Tod trifft mich noch früh genug.
[…] schreit auf und taumelt auf den Korridor
[…] und entkommt […]).

Vorhang.

Erster Aufzug.

(Spiel vor dem Bockhäusler: Ein kurzes, tief stehendes Haus . . . . . . Da's anschließend ein Gartenzaun, der sich nach rückwärts erstreckt. Zum Hauseingang führen einige Stufen hinauf. Links vor dem Hause erhebt sich eine hohe, prächtige Linde. Sie ist kahl. Das ganze Milieu macht herbstlich. Nach der rechten Seite ein Ausblick auf laubige Höhenzüge. Im Hintergrund Hochwald.

Leo sitzt auf einem ausmodischen Stuhl unter der Linde. Seine Stirn ist mit einem Tuch verbunden.)

Lehrer (erscheint in der offenen Haustüre. Er hat langes, weißes Gewand). Wie geht's, Herr Förstner?

Leo. Mit der Wunde? — gut! Wenn! Das bedeutet nicht viel.

Lehrer (auf ihn zugehend). Oho! Sie hatten ein gehöriges Loundsieber.

Leo. Das weiß ich nicht mehr.

Lehrer. Glaub's wohl! Sind ja lange genug in Ohnmacht gelegen. Der Doktorarzt hat sie geschunden, daß Gott erbarm! eh' er endlich die Wunde zusammenflickte!!

Leo. Hab' Euch wohl viel Plag' gemacht!

Lehrer. Gott behüte!

Leo. Gebt Ihr aus wollt' ich nicht zu ruck, das konntet Ihr Euch denken.

Lehrer nickt.

Leo. Daß Ihr mir Euer Haus geöffnet, das werd' ich Euch mein Leben hindurch danken.

Lehrer. Das ist doch Menschenpflicht gewesen..

Leo. Sagt nur. Menschenpflicht! Nun hör' ich wieder das gute treue Wort. Das wert ein Ehrenwort ein

schlummerschweres ... nun tönt es wieder in der Seele.
(dumpf) Und ich glaubt' es schon begraben ...

Lehrer. Hatten Sie den Glauben daran verloren?

Leo (schüttelt den Kopf). Es ist mir fremd geworden...

Lehrer. S'ist seltsam geworden auf der Welt.

Leo. So selten wie die Menschen.

Lehrer. Das klingt traurig ...

Leo. Ich kämpfte einst für ein neues Geschlecht! ein freies Geschlecht!! Ich wollte die Gottheit in der eig'nen Seele wecken! Das Bewußtsein unseres Daseins auf Erden. Die Lebensfreudigkeit sollte ihren Einzug halten in alle Menschenherzen! Ich predigte das Glück — das reine sonnenhelle Erdenglück. Die große Menschen= liebe sollte die Saumseligen wecken .... sie aus ihrem düsteren Erdenschlaf aufrütteln. Sie vermochte es nicht. Es kam kein Echo zurück ... es gab keinen Wiederhall. Ich streckte die Waffen .... das Nutzlose des Kampfes einsehend. Ich war müde geworden ...

Lehrer (betrachtet ihn mit Wärme).

Leo (fortfahrend). Ich hatte mit meinen Ideen Schiff= bruch gelitten! Nachher kam ich mir so verbraucht vor ... so abgenützt ... so überflüssig für das Weiterleben.

Lehrer (besorgt). Und jetzt?

Leo. Steh' ich vor einer neuen Krise. Der Vater= fluch treibt mich in den Kampf zurück ...

Lehrer. Vaterfluch?!

Leo (nicht müde). Das ist ein Trauerlied ... ein Lied zum Sterben. (sich aufraffend) Mir ... mir bringt es das Leben wieder.

Lehrer (von Schauder erfaßt). Das ist Sünde.

Leo. Die Sünde hab' ich überwunden. Ich bin er= wacht zum Leben! Ich habe mich befreit . . . losgelöst vom Sünden=Glauben. (hart) Nun giebt es kein Zurück mehr ..... kein feiges Zurückweichen in das alte Leben.

Lehrer. Auch kein Aussöhnen mehr mit Ihrem Vater?

Leo (düster). Auch das nicht mehr.
Lehrer (schlägt die Hände zusammen und blickt Leo schmerzlich an).
Leo (in sich versunken).
Minna (vom Innern des Hauses herausrufend). Vater!
Lehrer. Was willst Du?
Minna. Hilf mir die Bank schieben.
Lehrer. Ja, ja. Ich komm' schon. (ab)
Leo (das Haupt auf die Rechte gestützt, wie im Traum vor sich hin). Ausgerungen!! nach langem hartem Kampf! endlich mit sich selbst im Klaren! — so schicksalsfrei!

Pause.

Forstner (erscheint. Er nähert sich langsam Leo). Hier muß ich Dich finden....
Leo (sprachlos). Vater! Du — (erhebt sich vom Sessel und klammert sich mit einer Hand an die Lehne an).
Forstner. Und so zugerichtet.... (deutet auf Leos Stirn).
Leo. Ein kleiner Denkzettel! — Adolf nannte das so, bevor wir auseinandergingen.
Forstner. Und Ihr habt Euch nicht versöhnt?
Leo. Wozu diese Formalität?
Forstner. Es ist doch üblich sonst....
Leo. Sonst.... ja sonst! aber zwischen mir und Adolf war das unmöglich ... rein unmöglich.
Forstner. Warum?
Leo. Nach allem was vorhergegangen ist ...
Forstner (fest). Und dennoch muß es zu einer Versöhnung kommen ...
Leo (lacht kurz auf). Zu einer Versöhnung? einer Versöhnung im großen Stil!
Forstner (entschieden). Es muß dazu kommen. Hörst Du, Leo?
Leo. Das hat Dich also hierher geführt ...
Forstner (nickt).
Leo. Und meinst Du, Vater, ich werde mich dazu gutmütig hergeben? Ich werde in dieser neuen Komödie

...ser Rolle spielen, die man mir zudachte! Nein,
kannst Du von Deinem Sohn nicht verlangen. Du
... nicht wollen, daß ich zur lächerlichen Karikatur
werde.

Kortner. Es bleibt Dir keine andere Wahl....

Leo (mit harter Betonung). Du willst mich dazu
...!

Kortner (heraus...). Ich belege Dein Wort
... Beglaubigung. Und ich bestehe darauf!!

Leo. ... ist unmöglich, Vater. Du weißt ja nicht,
alles vorgefallen ist.... was sich alles abgespielt
... und Bertha. Ich habe mich gebückt...
... abgesprochen, um Dir willens zu sein.
... meine ganze Zukunft von mir
... Und würde in dieser eigenen Vernichtung
... reine schöne Liebe auf! Aber...
... ich ganz das nieder ... unterdrückte und
... Gefühl. Ein willenloses Kind
... die Kindespflicht aus mir
... von einem Selbstvermögen
... ausgewandert — dann ... dann
... Katastrophe.

... und Deine Schuld! Du hast das alles
...

Leo ... Vater ... ist —

Kortner (...). ... Ausrede! Du wolltest
... Du hast den Streit gesucht, um
...

Leo. Wer mag das zu behaupten?

Kortner (mit erhobener Stimme). Ich. Dein Vater. Du
hast selbst verraten. „Die an...mernde Liebe —"
... Da .... dann bleibt mir nichts
... übrig, als

Kortner ... Mit mir zu gehen.

Leo ... mich los zu — sagen

Kortner ... — zu — marschieren mit fliegen

Leo (sinkt zu Boden).

Forstner (sich emporrichtend). Wenn ich Dich freigebe!! (kleine Pause. Wenn Du über Dich noch verfügen könntest!!

Leo (mit beschleierter Stimme). Ich habe das Aus=spielen meines Lebens satt . . . . ich will endlich einmal über mich selbst verfügen können . . . ich lasse mich nicht mehr knebeln, Vater!

Forstner. Sachte — ! (mit erhobener Hand) Dort — liegt ein alter Mann im Sterben. Ich ging von ihm mit dem Versprechen mit Dir zu ihm zurückzukehren . . . und Alles ins alte Geleise zu bringen.

Leo (sich aufbäumend). Das könntest Du nicht . . . .

Forstner (unbeirrt fortfahrend). Der alte Mann glaubt an mein Wort. Er hat sich durch ein halbes Jahrhundert daran gewöhnt. (weiter) Er wartet . . . er wird nicht sterben können, bis sein brechendes Auge Dich und Bertha wieder vereinigt gesehen, bis alles Häßliche der letzten Tage spur= los aus seinem Gedächtnis verschwunden ist. (mit Nachdruck) Wir haben keinen Augenblick mehr zu verlieren. Ich will nicht zu spät kommen. Er muß es noch erleben, sonst ist es wertlos . .

Leo (kämpft mit sich).

Forstner (mit drohender Stimme). Leo läßt Du mich allein gehen?! dann

Leo sieht ihn groß an).

Forstner (mit eisiger Ruhe). Führt mein Weg zum Fluß hinunter.

Leo (schreit auf). Vater —! Hören Sie Vater!!

Pause.

Forstner (durchbohrt ihn mit seinem harten Blick).

Leo (bebt am ganzen Körper).

Forstner (wandt zurück und geht langsam nach rechts ab).

Leo (starrt ihm einen Augenblick nach, dann stürzt er nach). Vater! ich komme.

Forstner (bleibt stehen und schaut um).

Leo (sieht sich vor ihm).

Forstner (trocken). Folge mir! (will abgehen)
Kathi (stürmt atemlos daher). Gnäd'ger Herr ....
der -- alte — Herr — ist gestorben.
Forstner (taumelt zurück). Ge—stor—ben! (lehnt sich an den Zaun und winkt Kathi ab).
Kathi (ab).
Forstner (lallend). Zu spät!
Leo (vor ihm niedersinkend). Vater! Dein Wort ist mit dem Toten gestorben.

Kleine Pause.

Leo. Hab' Erbarmen mit mir! gab' mich frei ...
Forstner (vernichtend). Jetzt — kannst Du dich — losjagen ...
Leo (fährt in die Höhe und betrachtet den Vater mit kalter Miene).
Forstner (langsam wegschreitend). Jetzt sind wir quitt. (ab)
Leo (stürzt mit einem kurzen Aufschrei auf den alten Stuhl hin).

Pause.

Der alte Lehrer (tritt heraus). Um Gotteswillen, Herr Forstner! Ist Ihnen übel geworden?
Leo. Nein! ich hab' mich losgesagt ... das hat mich etwas angegriffen.
Lehrer. Losgesagt? — Von wem?
Leo (heiser). Von meinem Vater.
Lehrer. Von Ihrem Vater?
Leo. Er ist soeben wegegangen. Nun ist's überwunden!
Lehrer (zuckt zusammen). Hat es so kommen müssen?
Leo (nickt. Tiefes Schweigen).
Leo (hebt den Kopf empor). Herr Schmid eine Frage.
Lehrer (blickt ihn groß an).
Leo. War jemand da vom Herrenhaus ... während ich da drinnen lag.
Lehrer (zögernd). Niemand.
Leo (bitter). Niemand! Das spricht sich kurz ...
Lehrer. Und hart.

Leo. Aber es söhnt aus . . . es ist gleichsam eine Sühne für mich.

Lehrer. Das versteh' ich nicht.

Leo. Es macht mich frei.

Lehrer (zögernd). Ist das so gut?

Leo. Befreiung seines Ich's! (stark) Das reicht einem neue Kraft . . . die reuelose Kraft. Es drängt das Haltlose aus seinem Körper hinaus. Die Verpflichtungen gegen Andere hören auf . . . Das Selbst beginnt damit aufzuzuleben.

Lehrer. Das ist Egoismus!

Leo. Nein! Erlösung ist's aus unwürdiger Sklaverei . . . Der eigene Wille kommt zur Geltung . . . . . der innere Mensch wird hervorgekehrt . . . . . Er kommt zu seinem Recht . . .

Lehrer. Und dieses Recht heißt?

Leo. Das Recht auf sein eigenes Ich!

Lehrer. Ist das Opfer nicht zu groß, das man diesem Freiwerden bringen muß?

Leo (mit Ueberzeugung). Kein Opfer ist zu groß, um zu sich selbst zu gelangen.

Lehrer. Zu sich selbst gelangen Wenige!! weil fast niemand die Kunst versteht, sich selbst zu finden.

Leo. Die muß man lehren . . . predigen! Es müssen neue Apostel der Menschheit erstehen.

Lehrer. Diese Lehre würde unser Familienleben untergraben.

Leo (erregt). Das Familienleben? — Und wär' da viel verloren! wie man es lebt, ist es eine Brutstätte des Unglücks. Man spielt sich gegenseitig aus, weil man sich gegenseitig fettet.

Lehrer. Und ohne Schicksalsverkettungen hört sich die Zusammengehörigkeit auf.

Leo. Die Zusammengehörigkeit! nein! die würde sich inniger gestalten, wenn die persönliche Freiheit gewahrt bliebe. Das Familienleben müßte eben neu gestaltet werden, um ein Menschenheim zu werden. Der Zwang der Be-

ſtimmung m.... arbeiten . . . . . ein ..... zuſammen-
leben an deſſen Stelle treten . . . das freie, unbeſchränkte
Recht, ſich ſelbſt das Schickſal zu ſchmieden, müßte
tiefer begründet werden . . . . . . dann würde auch die
Dankbarkeit zu einander ihre Früchte ...gen...

Lehrer (Marta nach). Und die Erziehung iſt dann über=
flüſſig.

Leo. Nein! eine Vorerziehung müßte ſein . . . eine
Vorerziehung auf neuer Grundlage! aber erſt die Selbſt=
erziehung würde Charaktere ſchaffen und Vollmenſchen aus
Menſchen geſtalten.

Lehrer (zweifelnd). Mag ſein . . .

Leo. Die Einſicht fehlt. . . . die würde den Um=
ſchwung bringen und damit ein neues Geſchlecht.

Lehrer. Wir werden's nicht erleben . . .

Leo. Die Nachwelt wird es . . . muß es!

Lehrer. Ein ſtarker Glaube.

Leo. Ein Glaube, der uns überleben wird.

Minna (tritt heraus, ſieht eingefallen aus wie eine Sterbe=
kandidatin). Vater! Das Schulzimmer iſt nun ausgekehrt.
Soll ich Tinte in den Gläſern nachfüllen?

Lehrer. Ich ſeh' ſelbſt nach. Bleib' Du einſtweilen
bei Herrn Forſtner hier. Dir thut die friſche Luft ſo recht
not. (ab)

Minna (geht langſam vor).

Leo. Willſt mir nicht ein bischen Geſellſchaft leiſten?

Minna (ſich Leo nähernd) O ja. (horcht auf).

(Ein Glöcklein läutet).

Leo. Was iſt das? ruft das zum Abendgebet?

Minna (ſchüttelt verneinend den Kopf und faltet die Hände).
Es iſt das Sterbeglöcklein.

Leo (ſchrickt zuſammen. Tiefes Schweigen).

(Das Glöcklein läutet fort. Es verſtummt).

Leo. Die Frühlingsluft färbt die Wangen wieder.

Minna (verneint).

Leo. Meinst Du? Du übst sich niemals. Bist ja noch so jung.... wirst doch nicht schon den Tod im Herzen tragen?

Minna (dumpf). Mir wär's recht...

Leo. Schon lebensüberdrüssig?! Hat dich das Leben betrogen, daß es Dich nicht mehr erfreuen kann.

Minna. Herr! es thut mir weh, davon zu sprechen.

Leo. Armes Kind! (kleine Pause) Die Welt betrügt lustig weiter. (dumpf) Bin auch ein so Betrogener.... ein vom Menschenglück Ausgeschiedener...

Minna. Auch?

Leo. Es giebt so viele Wegelagerer... die stehlen alles Glück aus dieser Welt fort... die plündern einem das ganze Herz aus.

Minna (sieht ihn betroffen an).

Leo. Man muß sich einfach das Lebenswrack selbst zusammenzimmern, so gut es geht.

Minna (leise). Und wenn es nimmer geht?

Leo (fröstelnd). Wenn man Alles überwunden hat!... so gänzlich überwunden! Zu Ende ist mit seinem Hoffen! (sieht sie erschrocken an) Das Leben gabenlos vorüberziehen sieht.... (grübelnd) kein Leid, keine Freude mehr verspürt... wunschlos geworden ist...

Minna. Dann hat man ausgelebt!

Leo. Sag' das nicht, Minna... nimm dies Wort zurück.

Minna. Ich kann nicht.

Leo. Du kannst nicht —? Minna! Du vernichtest meinen Glauben... meinen felsenfesten Glauben an die Lebensfreudigkeit!! --- Ausgelebt! es ist ein Gift... ein böses Gift dies Wort. Und doch ist's eine furchtbare grau= same Warheit! So unentrinnbar!! (würgend) Schicksal... Schicksal! Du bist ein Scheusal. (senkt den Kopf und verfällt in tiefes Nachdenken. Große Stille).

Minna (geht zum Gartenzaun und umklammert eine Stakete. Sie betrachtet mit schicksalsernstem Blick Leo).

Hilda (kommt mit hastigen Schritten daher. Sie sieht sehr bleich aus. Sie stürzt auf Minna los und umschlingt ihren Hals). Minna! ... arme, arme Minna.

Minna (bebend). Laß das Hilda! ich wußt' es, für mich giebt es keine Rettung mehr.

Hilda. Ueberwinde! Deinem alten Vater zuliebe. Er darf nie ahnen, daß —

Minna. Das wird er nicht. Und ich ... ich werd's bald überstanden haben. (wie erleichtert) Dann ist alles gut.

Hilda (qualvoll). Minna.

Minna (einen Finger auf den Mund legend). Still! (zeigt auf Leo hin).

Hilda (dreht sich um, erblickt Leo und stürzt auf ihn hin). Mein Leo!!

Minna (durch die Gartenthür ab).

Leo (noch halb im Taumel). Träum' ich? (richtet sich in die Höhe) Nein! Du bist die Wirklichkeit. (freudig) Nun blick' ich wieder klar! Hilda, wie kamst Du her?

Hilda (sieht ihn schmerzvoll an).

Leo (zittert am ganzen Körper). Kannst Du mir noch rein ins Auge blicken! (zögernd) ohne Vorwurf!! (langsam sprechend) Ich nahm Dir Deinen Vater.

Hilda (bitter). Er kannte mich nicht mehr .... er wollte mich nicht mehr kennen. Er war hart ... hart gegen mich! Und ich hab' ihn so geliebt! (haftig) Man ließ mich nicht hinein. Ich durft' ihn nicht einmal sterben sehen. Wie eine Geächtete stand ich vor der Thüre und hörte sein letztes Röcheln ...

Leo (schaudernd). Arme, arme Hilda!

Hilda. Er hat kein Wort mehr für mich gehabt ... Dann als das Sterben vorüber war, da stieß man mich von der Schwelle weg wie einen Hund, den man nicht leiden kann. Und alle sahen mich so vorwurfsvoll an — mit einem so kalten, steinernen Blick! Sie sprachen's nur nicht aus .... aber allen lag's auf der Zunge das erstarrende Wort: „Mörderin".

Leo (aufschreiend). Du bist schuldlos! (springt auf). Das muß ich ihnen sagen... das muß ihnen klar gemacht werden. (will fort)

Hilda (ernst). Bleib', Leo! Mitschuldig bin ich. Daran läßt sich nichts ändern.

Leo (sinkt auf den Stuhl nieder).

Hilda. Ich hab's gefühlt, als ich dem Toten ins fahle, kummervolle Antlitz sah. Der Bruder zog mich ins Sterbezimmer hinein... er schleppte mich hinein.... denn ich — ich konnte nicht mehr gehen. Stumm deutete er auf den Toten... dann ging er hinaus und ließ mich allein.

(Kleine Pause)

Hilda. Da kam eine unsägliche Angst über mich. (klanglos) Kein weicher Zug.... nicht ein einziger in diesem Leichengesicht! Alles hart und starr. Eine unerschütterliche Wahrheit! Die große Frage der Schuld unausgesprochen auf den Lippen!! (aufatmend) Es war mir, als ob seine kalte Hand sich nach mir ausstreckte.... nach meinem Herzen griff...

(Kleine Pause).

Leo (sieht sie mit großen Augen an).

Hilda. Das kleine Ding zuckte noch eine Weile... dann wurde alles still da drinnen. Es war ein großes Sterben.

Leo (qualvoll). Das muß wieder Leben bekommen...

Hilda (traurig). Wenn ich den Mut noch dazu finde! — Ich bat dem Toten ab..... dann zog's mich aber hinaus — mit unwiderstehlicher Gewalt hinaus. Ich mußte fort.... für immer fort. Ich lief davon und so kam ich her. Es zog mich her zu Dir —

Leo. Zum müden... sterbensmüden Mann.

Hilda. Sag' das nicht. Du mußt wieder Werden.

Leo. Wozu noch Werden?

Hilda (qualvoll). In Dir darf der neue Mensch nicht untergehen!

Leo (erfaßt ihre Hand). Dazu muß man stark sein!

Hilda (zögernd). Bist Du's nicht?
Leo (schweigt).
Hilda. Nun ... Leo?
Leo (innerlich erregt). Warum kamst Du aber zu dem Ausgestoßenen?
Hilda. Ich Ausgestoßene!
Leo. Du!!
Hilda (nickt und lehnt sich an Leo an).
Leo. Das Schicksal hat uns zu Genossen gemacht, Hilda!
Hilda. Der Fluch ist uns Beiden geblieben.
Leo. Das einzige Erbstück vom alten Leben.
(**Kleine Pause**).
Leo. Sonst nichts?!
Hilda. Sonst nichts.
Leo. Alles abgeschüttelt! — Den ganzen, schweren Ballast „Vergangenheit". (erhebt sich und zieht Hilda an sich) Nur Dich ... Dich halt' ich fest ... Du Seele meiner Ideen, bleib mir treu ... (umarmt sie) o nimm mich auf, voll und ganz, so wie ich bin.
Hilda (selig). Will alles thun! will Dich ins neue Leben führen.
Leo. Hilda! mein Lieb ... mein Alles!
Hilda (umflammert seinen Hals und schaut ihm glückselig in die Augen).
Leo. Ich schau' die Zukunft in Deinen braunen Augen! Ein wunderschönes Paradies. (umarmt sie und zieht sie in die Höhe). Fort .... fort von hier! Die Heimat brennt!!
Hilda (ängstlich). Wohin?
Leo (mit prophetischer Stimme). Ins Menschenland... ins neue Menschenland!
Hilda (mutlos). Wohin führt da der Weg?
Leo (die Hand nach dem Westen ausstreckend). Auf, Hilda, auf! der sinkenden Sonne zu! Schau, wie das Abendrot dort leuchtet am fernen blauumsäumten Bergeshang.... es kündet uns das neue Glück — das Selbstgeschaffene...

Hilda (begeistert). So laß uns fliehen!
Leo. Die Heimat von den Sohlen! Mit dem alten Leben sind wir quitt! Wir haben uns damit abgefunden. Hast Du Mut, ein neues zu beginnen?
Hilda. Ich habe Mut.
Leo. Der Familienfluch kann uns nichts mehr anhaben.
Hilda. Der kann uns nichts mehr anhaben.
Leo (umarmt sie). Du starkes Weib!
Hilda (drückt ihren Kopf an seine Brust). Du starker Mann!
Leo (hebt sie in die Höhe). Durch Dich bin ich wieder Mensch geworden.

Ende.